AF349477

PRIX : **50** CENTIMES

LIBRAIRIE DE MICHEL LÉVY FRÈRES
RUE VIVIENNE, 2 BIS

PRIX : **50** CENTIMES

LA

VOLEUSE D'ENFANTS

DRAME EN CINQ ACTES EN HUIT TABLEAUX

PAR

EUGÈNE GRANGE et LAMBERT-THIBOUST

REPRÉSENTÉ POUR LA PREMIÈRE FOIS, A PARIS, SUR LE THÉÂTRE DE L'AMBIGU-COMIQUE, LE 6 MAI 1865

DISTRIBUTION DE LA PIÈCE

ATKINS	MM. Castellano.	MATHEWS, tavernier.	Grisar.
LORD TREVELLIAN.	Faille.	Premier Policeman	Loyer.
OLIVIER SIDNEY, lieutenant de vaisseau.	Regnier.	Deuxième Policeman.	Guillot
PIBROCK.	Reynard.	Premier Buveur.	Lavergne.
JACOBSON, policeman.	Boutin.	Deuxième Buveur.	Peresse.
DANIEL WICKFIELD, pasteur.	Adler.	Un Pick-Pocket.	Lalande.
ADAMS, matelot.	Machanette.	SARAH WATERS.	Mmes Marie Laurent
ARTHUR,) lieutenants de vaisseau, amis	Capelli.	LADY HÉLÈNE TREVELLIAN.	Defodon.
GEORGES,) d'Olivier	Thuilly.	MISS FANNY.	Abollard.
JONATHAN.	Richer.	MISTRESS MAGGY, hôtesse.	Faille.
BLACKBURN, tailleur.	Desorme.		
JAMES, domestique.	Hoster.		
BOB, matelot.	Nerault.		

Policemen, Buveurs, Garçons de taverne, Domestiques,
Matelots, Constables, Pick-Pockets.

La scène se passe à Londres et dans les environs.

PROLOGUE

PREMIER TABLEAU

L'intérieur d'une masure au quartier des Irlandais, à Londres. Au second plan à gauche, un berceau vide. Deux chandeliers sur la cheminée, une vieille commode, deux escabeaux.

SCÈNE PREMIÈRE

POLICEMEN, puis JACOBSON, puis DANIEL WICKFIELD.

Au lever du rideau, le théâtre est vide. Un policeman paraît, s'assure qu'il est seul et entre.

PREMIER POLICEMAN. Personne!...

DEUXIÈME POLICEMAN, entrant, suivi d'un troisième. Alors, on peut entrer.

PREMIER POLICEMAN. Tenez, Tom... regardez dans cette chambre. (Il lui montre la porte à gauche, le deuxième Policeman y entre.)

JACOBSON, paraissant au fond. Eh bien, mes enfants, ça va-t-il?

PREMIER POLICEMAN. Non, monsieur Jacobson. (Il ouvre le tiroir d'une vieille commode.) Rien...

DEUXIÈME POLICEMAN, sortant de la chambre. Rien !

PREMIER POLICEMAN. Pas un indice... pas une lettre.

JACOBSON. D'abord Sarah Waters ne sait ni lire, ni écrire ; et puis, apprenez, monsieur Webster, que dans ce commerce-là, ceux qui vendent et ceux qui achètent n'écrivent

jamais... pas si bête, l'Irlandaise !... je vous la donne pour une fine mouche, et les toiles d'araignées auront du mal à la prendre.

PREMIER POLICEMAN. Et ce berceau ?

DEUXIÈME POLICEMAN. Il est vide !

JACOBSON. Ce berceau ne prouve rien... Sarah vous répondrait qu'elle a un enfant en nourrice, ce qui est exact, qu'elle attend cet enfant d'un jour à l'autre, et que ce berceau est le sien.

PREMIER POLICEMAN. Nous sommes bien sûrs de la chose, cependant ; si on l'arrêtait ?

JACOBSON. Y songez-vous, monsieur Webster ? arrêter sans preuves ! Je ne reconnais pas là votre habitude des convenances.

DANIEL, sur le seuil de la porte ; il a un bâton à la main. Pardon, messieurs... est-ce ici la maison de Sarah Waters ?

JACOBSON. Oui, mon révérend, ici même.

DANIEL, à lui-même. Pauvre Sarah !... quelle misère !...

JACOBSON. Vous semblez bien fatigué, mon révérend.

DANIEL. J'ai fait, sans m'arrêter, le voyage d'Irlande.

JACOBSON. Asseyez-vous ! mon Dieu, vous ne tenez pas sur vos jambes. (Il avance un escabeau.)

DANIEL, s'asseyant. Je vous remercie, monsieur, je me rends au presbytère que l'on m'a assigné dans un petit village, près de Brighton, et je n'ai pas voulu traverser Londres sans voir mon amie d'enfance.

JACOBSON. Sarah Waters ?

DANIEL. Oui ; depuis deux ans elle n'a point fait écrire au pays, et l'on ne sait ce qu'est devenue la pauvre fille.

JACOBSON. Hum ! elle n'est pas devenue grand'chose de bon !

DANIEL. Oui... je sais qu'elle a été séduite par un matelot nommé Charles Adams, et qu'elle est devenue mère. Mais nous autres, nous n'abandonnons pas les coupables, nous n'avons pas le droit de fermer la porte au repentir.

JACOBSON, embarrassé. Certainement, mon révérend, avoir une petite fille, c'est grave pour une demoiselle... mais enfin la police n'a rien à y voir, elle est bien assez occupée ailleurs ; s'il nous fallait arrêter toutes les jeunes filles qui... mais nous n'aurions même pas le temps de déjeuner... Chacun est libre de peupler l'Angleterre, Sarah... comme les autres ! ah ! si ce n'était que ça !

DANIEL, se levant. Que dites-vous, monsieur, et que lui reproche-t-on encore ?

JACOBSON. Je dis que, depuis plusieurs mois, un crime affreux se commet dans Londres impunément... De tout jeunes enfants disparaissent, arrachés, volés à leurs familles en larmes. Les pauvres babys sont vendus à des bateleurs, à des saltimbanques, à des mendiants qui se servent de ces pauvres petites créatures pour éveiller la charité publique, pour mentir à l'aumône.

DANIEL. Les misérables ! Et la police ne s'empare point des voleurs ? ces monstres resteraient impunis !

JACOBSON. Encore faut-il des preuves mon révérend ; et jusqu'à présent, nous n'avons que des soupçons... D'abord nous croyons que les voleurs... sont une voleuse... et cette voleuse nous sommes chez elle.

DANIEL. Sarah !... c'est impossible, je la connais monsieur, je connais cette nature sauvage et indomptable ; elle a pu commettre une faute ; mais un crime, jamais !... ah ! je vous le répète, c'est impossible.

JACOBSON. Vous ne croyez pas au mal, mon révérend, parce que vous êtes jeune et que vous vivez dans le ciel... mais nous autres nous vivons sur la terre, et il y a joliment des coquins, allez, mon révérend !

DANIEL. Je verrai Sarah, je lui parlerai.

JACOBSON. Je crois bien que vos conseils arriveront trop tard... D'abord, elle est liée avec un nommé John Atkins, un pick-pocket... et celui-là, si je pouvais le pincer ! Ensuite, voyez-vous, quand on a de mauvais instincts, c'est le diable pour changer ça... Ainsi, tenez, moi qui vous parle, j'ai un neveu... le fils de ma sœur... le petit Pibrock... il a quatre ans... eh bien, il m'inquiète... à deux ans il a chipé le bonnet de sa nourrice ; voilà ce qui s'appelle être précoce ; à trois ans et demi, il a dérobé un homard dans Hay-Market ; sans une indigestion, on n'aurait jamais rien découvert... Pour l'encourager à la vertu, je lui donne le fouet tous les huit jours, mais je n'ai pas confiance dans l'avenir de ce garçon-là... Enfin, voyez Sarah... parce que le jour où nous aurons une preuve grande comme ça... dame, nous agirons... Sans adieu, et bon voyage, mon révérend. (Aux autres.) Venez, les amis ! (Rumeurs au dehors.)

DANIEL. Quel est ce bruit ?

JACOBSON. Probablement Sarah Waters qui revient au logis, escortée de malédictions... la voix publique l'accuse déjà !... mais nous n'avons pas de preuves suffisantes.

DANIEL. Mon Dieu ! accordez-moi de connaître la vérité !

SCÈNE II

LES MÊMES, SARAH WATERS ; elle porte le costume des Irlandaises, ses cheveux tombent en désordre, elle entre en scène vivement et comme poursuivie.

SARAH, s'adressant au dehors et montrant le poing. Ah ! les mégères !... les harpies et les vieilles folles !... ah ! je me vengerai bien de vous, allez !

JACOBSON. Qu'y a-t-il donc, Sarah ?...

SARAH, sans voir Daniel. Ce sont toutes les commères qui criaillent... est-ce que je sais ce qu'elles ont, moi ? Ah ! vous devriez bien les faire taire, vous autres, au lieu d'entrer chez moi pour ouvrir mes tiroirs... (Elle les referme.) pour m'espionner !... Que me voulez-vous ? que demandez-vous ?... que venez-vous faire ici ?...

JACOBSON. Te donner un conseil, Sarah : prends bien garde !... tu vois, je te préviens... je suis gentil.

SARAH. Prendre garde ? et à quoi ?...

JACOBSON. Oh ! tu sais ce que je veux dire.

SARAH. Moi ? (Riant.) Ah ! ah ! les voilà tous à ouvrir des grands yeux, à me regarder comme les commères qui se campent sur leurs portes et qui me maudissent quand je passe, comme si la rue n'était pas libre... Allez-vous-en !... est-ce que je vous connais, moi ?...

JACOBSON. Non... mais il y a quelqu'un que tu connais ; crois-moi, écoute-le bien.

SARAH. Et qui donc ?

JACOBSON, montrant Daniel. Monsieur.

SARAH, surprise. Daniel !

JACOBSON. Au revoir, Sarah ! (Les policemen sortent.)

SCÈNE III

SARAH, DANIEL.

SARAH, un peu émue. Daniel à Londres... c'est toi !...

DANIEL. Oui, Sarah, c'est moi, ton ami d'enfance, moi qui courais avec toi les bruyères, moi, ton frère, moi que tu aimais bien !

SARAH. Mais je t'aime toujours, Daniel, et j'ai plaisir à te voir.

DANIEL. Il y a huit jours que j'ai quitté le village.

SARAH. Ah ! tu viens de Clifdon ?

DANIEL. Je suis parti après avoir embrassé ton enfant.

SARAH. Ah ! tu as vu la petite Jane ? elle va bien au moins ?

DANIEL. Oui, elle m'a souri au départ !

SARAH. La nourrice en a bien soin ? elle est belle, n'est-ce pas, la petiote !... hé ! hé ! elle a quinze mois, sais-tu, cette demoiselle !... voyez-vous comme ça pousse, ces enfants ! moi quand je l'ai vue, elle avait quatre mois... et de grands yeux noirs... et de petits cheveux blonds, et si doux... si doux ! ah ! que je voudrais les avoir sur mes lèvres !

DANIEL. J'ai coupé moi-même cette petite boucle, et je te l'apporte.

SARAH, la prenant. Ah ! tu as pensé à ça, toi, Daniel ?... (Riant et retenant ses larmes, en regardant les cheveux.) Ah ! ah ! des cheveux de la petite Jane !... de mon ange à moi !... (Elle les baise religieusement.) Ah ! c'est bon ! (Elle regarde Daniel avec émotion, puis lui saute au cou brusquement et l'embrasse.)

DANIEL. Ah ! je savais bien, moi, que tu étais incapable de commettre un crime !

SARAH. Un crime !

DANIEL. Sarah, sais-tu ce que m'ont dit ces hommes ?

SARAH. Non !

DANIEL. Ils m'ont dit... (pardonne-moi de te répéter leurs paroles) ils m'ont dit que tu volais de pauvres petits êtres et que tu les vendais à des misérables qui exploitaient leur jeune âge, au profit de leur paresse et de leurs hideux métiers.

SARAH, troublée. Ces policemen ne savent quoi inventer.

DANIEL. Jure-moi qu'ils ont menti !

SARAH, riant. Ah ! ah ! je te le jure, va !...

DANIEL, lui prenant les mains. Jure-le-moi sur la fille... tu sais qu'un faux serment porte malheur ; tu sais que si tu blasphèmes, ta fille mourra.

SARAH. Ma petite Jane !

DANIEL, lui tenant toujours les mains. Jure-moi sur elle maintenant, que ces hommes ont menti. (Sarah demeure immobile.) Tu gardes le silence ?... Sarah, pourquoi ne jures-tu pas ?

SARAH, dégageant ses mains. Parce qu'il y a assez d'anges dans le ciel, et que je veux garder ma fille.

DANIEL. Malheureuse! c'était donc vrai?

SARAH. Pourquoi appellent-ils cela un crime d'abord? je ne tue personne. Est-ce que jamais j'ai versé le sang des autres?

DANIEL. Mais arracher des enfants aux caresses, aux baisers de leurs mères...

SARAH Eh bien! est-ce que je les connais, moi?... Je te parle à cœur ouvert, Daniel, tu ne me trahiras pas, parce que tu es mon ami et qu'ensuite, les pasteurs gardent les secrets qu'on leur confie... je veux être riche, non pour moi, mais pour Jane... je ne veux pas que ses petits pieds aillent tout nus dans la neige, comme les miens... quand j'étais à Clifdon... je ne veux pas qu'elle tende la main aux passants, comme je la tendais, moi; je ne veux pas qu'elle ait faim et soif, comme j'avais faim et soif, moi; que m'importent les enfants des autres!... que les mères pleurent et deviennent folles, que m'importe!... pour moi, il n'y a au monde que ma fille... c'est le bonheur de ma fille que je veux, je le paierais de mon âme et de mon sang, entends-tu?... eh bien! je peux bien l'acheter avec les larmes des autres mères!

DANIEL. Non, tu entendras ma voix et mes prières... ton cœur inflexible se laissera attendrir! Sarah, on attend le retour du Nelson, le navire sur lequel Adams est parti. Adams revient pour t'épouser.

SARAH. M'épouser!... qui lui demande cela?

DANIEL. Ne l'aimes-tu donc plus?

SARAH. Si!... Je lui ai été fidèle, depuis son départ.

DANIEL. Eh bien! tu ne veux donc pas donner un père à ta fille?

SARAH. Un père? pourquoi?...

DANIEL. Pour la protéger.

SARAH. La protéger!... est-ce que je ne suis pas là, moi, sa mère?

DANIEL. Ainsi, tu refuses d'épouser Adams?

SARAH. Oui... si je l'épousais, il aurait des droits sur Jane. Si nous nous séparions, lui et moi, pour un motif ou pour un autre, il voudrait peut-être la garder... D'ailleurs, que faut-il pour la rendre heureuse?... de l'argent... j'en ai, et j'en aurai encore bien davantage.

DANIEL. Mais cet argent est maudit.

SARAH Hé donc! que je sois maudite et que Jane soit riche!

DANIEL. Prends garde, toi qui n'écoutes pas les sanglots des mères, prends garde, un jour peut-être, c'est à deux genoux que tu demanderas pardon à Dieu.

SARAH, avec un orgueil sauvage. Je ne me suis jamais agenouillée, Daniel; je ne m'agenouillerai jamais.

DANIEL. Dieu fait chanceler les plus forts et les jette devant lui, le front dans la poussière... Au revoir, fasse le ciel que tu ne sois pas punie!

SARAH. Tu ne me donnes pas la main, Daniel?

DANIEL. Non! car je ne suis plus ton frère.

SARAH, le regardant de travers. Tu vas me dénoncer?

DANIEL. Non, Sarah!... je vais prier pour vous. (Il sort.)

SCÈNE IV

SARAH, seule. Punie!... et par qui? il faut que les juges me prennent d'abord et ils ne me prendront pas... je veux de l'argent... et il y en a là... il y en a. (Elle ouvre une cachette dans le mur.) Des billets, de l'or... hé!.. on peut me voler ici, malgré ma cachette... on a oublié de mettre des serrures aux portes.. je garderai tout sur moi, c'est plus sûr. (Elle met tout dans ses poches.) Epouser Adams! la belle affaire! un brave matelot, je ne dis pas, mais les matelots, ça finit toujours par rester dans quelque tempête. (Elle parle tout en baisant la petite boucle de cheveux.) Quand le matelot Adams sera noyé, la petite sera bien avancée... et puis, elle n'aurait qu'à l'aimer autant que moi!... Non, non, je veux être tout pour elle... pour ma fille... oui, je veux que tu sois heureuse pour moi seule! (Ici un étranger paraît au fond; il est masqué et couvert d'un manteau.) C'est pour toi que je veux de l'argent et j'en aurai!

L'ÉTRANGER. Je viens t'en proposer!

SCÈNE V

SARAH, L'ÉTRANGER, puis ATKINS.

SARAH. Qui êtes-vous? que me voulez-vous?... De l'argent!.. vous m'apportez de l'argent?...

L'ÉTRANGER. Oui, mais il faut le gagner... Sarah Waters!

SARAH. Comment?

L'ÉTRANGER, après s'être assuré qu'ils sont seuls. Je vais te le dire... Je sais quels soupçons pèsent sur toi...

SARAH, vivement. Ils sont fous! ils mentent tous!

L'ÉTRANGER. Tant pis! car si, dans une heure, je quittais Londres en emportant une petite fille d'un an environ, il y aurait pour toi une fortune.

SARAH. Une fortune?...

L'ÉTRANGER. Deux mille livres sterling!

SARAH, comme éblouie. Deux mille livres!

L'ÉTRANGER. Dans une heure ma voiture sera devant ta porte... je viendrai à tout hasard...

ATKINS, entrant les mains dans ses poches, en fumant un cigaro. Bonjour, Sarah!

SARAH. Bonjour.

ATKINS, regardant l'étranger avec attention, et à part. Tiens! tiens! voilà qui est bizarre!

L'ÉTRANGER, à Sarah. Tu m'as bien compris?

SARAH. Oui.

L'ÉTRANGER. Dans une heure!

SARAH. Dans une heure! (L'étranger sort.)

SCÈNE VI

SARAH, ATKINS.

ATKINS. Qu'est-ce que c'est donc que ce gentleman? nous ne sommes plus au temps, ce me semble, où l'on sortait masqué. De quelle ténébreuse aventure s'agit-il?

SARAH. Que t'importe!

ATKINS. Oh! oh! comme vous rudoyez le pauvre monde, chère amie!

SARAH. Moi, ton amie!

ATKINS. Mon associée, si tu l'aimes mieux. Maison Sarah Waters et compagnie... compagnie anonyme. (Jetant son cigare.) Ah! l'affreux cigare... désormais je les ferai venir de la Havane.. ça coûte plus cher, mais on est mieux servi.

SARAH, réfléchissant. Une fortune... oui... oui... mais ce Jacobson me surveille.. je ne peux pas.

ATKINS. J'aime le confort, moi! J'étais né pour avoir un hôtel dans Regent-Street pour fouler, sous ma pantoufle paresseuse, les tissus moelleux de Smyrne, pour avoir douze belles négresses préparant mon thé et mes sandwichs, pour avoir vingt jockeys et dix maîtresses.. « John! vous me trompez! oh! John! c'est bien mal!... » Amère ironie!... Ce matin mon bottier m'a refusé des bottes... On vous dit toujours: « marchez, vous arriverez, » mais pour marcher, il faut des bottes que diable! (Il tire un peigne de sa poche et se met à se peigner tout en parlant.) Ce serait à piquer une tête dans la Tamise!... mais l'avenir est là, éblouissant, doré sur tranches, car je serai millionnaire, Sarah! ou pendu... mais non! je serai millionnaire avant! de cette façon, si je suis condamné à être pendu, avec mon million, j'achète toutes les potences de l'Angleterre, il n'en restera plus pour moi... après quoi je les revends à l'Amérique, et je double mon capital!... Sarah?... Sarah?...

SARAH, sortant de ses réflexions. Que veux-tu?

ATKINS. Que tu me dises ce que voulait ce gentleman, car, bien sûr, je le connais.

SARAH. Toi?

ATKINS. Même taille, même tournure, c'est mon homme de cette nuit.

SARAH. Ton homme de cette nuit?

ATKINS. Oh! une aventure que je te dirai en temps et lieu. As-tu du gin?

SARAH. Oui, là...

ATKINS, prenant une bouteille et deux verres. Être obligé de se servir soi-même, hum maton!... être le citoyen d'un pays libre et ne pas avoir des domestiques. C'est honteux pour l'humanité... Bois-tu?...

SARAH. Non!

ATKINS. A ta santé! (La nuit vient peu à peu.) Mais, vrai, tu as tort de ne pas avoir confiance en moi. Je suis honnête en affaires, et si mon soupçon est fondé, si le gentleman est bien l'homme que je suppose... par les trois royaumes, nous avons là une belle partie à jouer.

SARAH, se rapprochant d'Atkins. Eh bien, que dirais-tu, Atkins, si je te proposais de te faire gagner vingt-cinq guinées?

ATKINS. Vingt-cinq guinées!... mais c'est le Sacramento en bouteille... j'accepterais.

SARAH. Vois-tu, Jacobson et les autres sont comme des chiens qui guettent; alors, moi, je ne peux pas...

ATKINS. Ah! il faut voler un enfant?

SARAH. Oui, un enfant d'un an.

ATKINS. Pour le gentleman qui sort, n'est-ce pas?...

SARAH. Oui!

ATKINS, à part. C'est bien lui, alors... ô fortune!

SARAH. Le gentleman reviendra ici dans trois quarts d'heure...

ATKINS. Et la nuit et le brouillard favorisent nos projets. (Ici on entend les sons d'une cloche.) Cette cloche?...

SARAH. C'est la cloche de l'usine de M. Morden... elle sonne le repas.

ATKINS. Écoute... dans l'usine de M. Morden... il y a un enfant.

SARAH. Oui... oui...

ATKINS. Voici l'heure du dîner, la nourrice laisse l'enfant seul et descend rejoindre les autres pour le repas...j'ai déjà remarqué ce détail, et me proposais de t'en faire part. Tout le monde entre dans les usines, comme dans les moulins.

SARAH. D'ailleurs je ferai le guet.

ATKINS. Viens!

SARAH. Pas par là... les commères sont peut-être encore sur le pas de leurs portes... à me guetter aussi.

ATKINS. Je te garantis qu'avec ce petit brouillard, elles auront beau essuyer leurs lunettes.

SARAH, ouvrant une petite porte à gauche. N'importe!... passons par cette chambre... elle donne dans la ruelle Saint-Nicolas. Tu seras à deux pas de l'usine.

ATKINS. C'est juste... économisons le temps... *Times is money*... Ah! à propos... est-ce une fille ou un garçon?

SARAH. Une fille.

ATKINS. Tu comprends l'utilité de ce renseignement, n'est-ce pas?... l'âge?...

SARAH. Un an.

ATKINS. Parfait! dans dix minutes, je serai ici... vingt-cinq guinées! viens!

SARAH, s'arrêtant. Ah!

ATKINS. Qu'as-tu donc?

SARAH. Rien.

ATKINS. Ta main est glacée, tu chancelles...

SARAH. J'ai reçu comme un coup dans le cœur... c'est le sermon de Daniel qui en est cause... Je suis folle... allons, viens! (Ils sortent ensemble. Le théâtre est vide et dans l'obscurité; on entend au dehors des chants qui se rapprochent.

VOIX au dehors.
Dans la vergue on a crié : « Terre! »
Adieu le flot!
Sur le plancher de l'Angleterre,
De pale-ale remplis ton verre,
Bon matelot!
Dans la vergue on a crié : « Terre! »

(Adams paraît au fond escorté de trois ou quatre matelots; Adams porte un enfant emmailloté.)

SCÈNE VII

ADAMS, MATELOTS.

ADAMS. Maudit brouillard... c'est égal, c'est ici, bien sûr... Hé, Bob... as-tu des allumettes?...

LE MATELOT. Oui!

ADAMS. Alors donne-nous du gaz, camarade.

LE MATELOT. Voilà! (Il fait flamber une allumette et allume une chandelle.)

ADAMS, regardant l'enfant. Dites donc, les autres, voilà une petiote... qui est crânement la fille d'un matelot... nos chansons ne l'ont même pas réveillée... elle dort comme si elle était bercée par la brise... sur une coquille à voiles.

LE MATELOT. Une fameuse idée que tu as eue là, Adams!

ADAMS. Pas vrai? à peine débarqué, je ne fais ni une, ni deux, je cours à Clifdon. Je prends Jane chez la nourrice, et je l'apporte à Sarah... en voilà une de surprise!... et dans quinze jours, la noce!

LES MATELOTS. Hurrah!

ADAMS, regardant toujours la petite en riant. Chut! êtes-vous bêtes! vous allez la réveiller... c'est qu'elle dort toujours... Ah! la mère a déjà préparé le berceau. Bonne Sarah, va!... une brave fille, tout de même...

LE MATELOT. Et une belle fille donc!

ADAMS. N'est-ce pas? allons, miss Little Jane, votre couverture est faite... couchez-vous et soyez sage. (Il met l'enfant dans le berceau.)

LE MATELOT, frappant sur l'épaule d'Adams. Tu es un heureux mortel, Adams.

ADAMS. Oh! oui, bien heureux, va!... maintenant, j'aurais peur de mourir.

UN MATELOT. Du bruit! .. quelqu'un vient.

UN AUTRE MATELOT, regardant. Une femme!...

ADAMS. C'est Sarah... Dites donc, les autres, faut la laisser seule... Elle va croire que c'est l'ange de Noël qui a rapporté la petite.

LES MATELOTS. Oui... oui... c'est ça!...

ADAMS. Voici une bouteille de wiski. Venez par là en boire un verre; faut être discret... voyez-vous, les enfants ont beau ne pas parler et ne pas comprendre, les mères ont toujours quelque chose à leur dire... Venez! (Il prend la lumière et entre à droite avec les matelots.)

SCÈNE VIII

SARAH, puis L'ÉTRANGER.

SARAH. Quelle nuit! (Elle allume une chandelle.) J'ai vu Atkins se glisser dans l'usine...j'ai vu les hommes attablés en bas... Tout va bien... c'est égal, j'aime mieux que ce soit lui qui ait fait le coup... Tiens! j'ai entendu comme la respiration de quelqu'un qui sommeille. (Regardant autour d'elle et apercevant l'enfant qui sommeille dans le berceau.) L'enfant!... déjà!... Allons, Atkins n'a pas été long. (On entend le bruit d'une voiture.) Décidément il a bien gagné les vingt-cinq guinées. (On frappe à la porte, Sarah va ouvrir. L'étranger paraît toujours masqué.)

L'ÉTRANGER. Eh bien?

SARAH. Eh! bien, nous avons réussi, mon maître. Tenez, voilà l'enfant. (Elle prend dans le berceau l'enfant endormi et le lui donne.)

L'ÉTRANGER, le prenant dans son manteau et jetant une liasse de bank-notes. Et voilà l'argent! (Sarah se précipite dessus.) Merci et adieu, Sarah Waters!

SARAH. Adieu et merci, mon maître! (Ivre de joie et palpant les billets.) Ah! ma fille est riche, maintenant! ma fille est riche! (L'étranger sort; peu après on entend une voiture s'éloigner au galop.)

SCÈNE IX

SARAH, puis ADAMS.

SARAH, agenouillée et comptant fiévreusement les bank-notes. Qu'est-ce que me disait donc le pasteur? Ah! pauvre Daniel, tu ne feras pas fortune, toi, honnête homme! (Adams est entré doucement et prend le bras de Sarah qui se retourne et cache son argent avec terreur.) Adams!... toi...

ADAMS. Sarah! tu ne m'embrasses pas?

SARAH. Oh si! (Elle lui saute au cou.) Tu es de retour?... c'est vrai, on annonçait le *Nelson* depuis plus d'un mois... Tu étais là?

ADAMS. Oui... mais, vois-tu, je voulais te laisser d'abord avec elle... parce que...

SARAH. Avec elle... qui, elle?

ADAMS. Avec Jane... Je me disais : — « J'aurai mon tour et ma part. » Eh bien!... où est-elle donc?

SARAH. Mais de qui donc parles-tu, Adams?

ADAMS. De Jane... je l'ai mise là...dans ce berceau .. (Sarah le regarde fixement.) Oui, j'ai rapporté la petite... et je l'ai mise là, dans ce berceau...endormie comme un petit ange.

SARAH, poussant un cri terrible. Ah!

ADAMS. Qu'as-tu donc?

SARAH. Je l'ai vendue!...je l'ai vendue!...je l'ai vendue!...

ADAMS. Vendue!

SARAH. Oui... un homme m'a proposé une fortune... deux mille livres sterling, si...si je lui livrais... un enfant... Alors, j'ai envoyé Atkins... j'ai cru que l'enfant endormi était l'enfant volé par Atkins... et alors, quand l'homme est revenu... là, tout à l'heure... (Comme folle.) Ah! j'ai vendu mon enfant!... j'ai vendu mon enfant!

ADAMS. Misérable! (Il saisit une hache et la lève sur Sarah. Daniel et les matelots sont entrés et courent à lui.)

SARAH. Laisse-moi la retrouver d'abord, Adams, tu me tueras après!

ADAMS. Mais cet homme, quel est-il?

SARAH. Je ne sais pas...je ne sais pas...Il avait un masque, je n'ai pas vu son visage...Mais, il m'a parlé...cette voix...je la reconnaîtrai... oui, sois tranquille! Va, je retrouverai Jane!... je la retrouverai! (Elle va pour se précipiter au dehors, Jacobson paraît.)

JACOBSON. Sarah Waters, au nom de la loi, je vous arrête!

SCÈNE X

LES MÊMES, JACOBSON, puis ATKINS, et LES POLICEMEN.

SARAH. Moi!... de quel droit?

JACOBSON. Vous allez le savoir. (Atkins entre au milieu des Policemen.)

SARAH. Atkins!

JACOBSON. Cet homme a été pris au moment où il tentait de voler l'enfant de M. Morden... Il a tout avoué... Vous êtes sa complice, Sarah!... Ah! dam! maintenant il y a des preuves.

DANIEL. Pauvre fille!

JACOBSON. Suivez-nous:

SARAH. Où donc?...

JACOBSON. Devant le coroner.

SARAH. Moi!

ATKINS, froidement. Et ensuite, la déportation, pour une quinzaine d'années!

SARAH. Quinze ans!... quinze ans!... quand on emporte ma f...Je ne veux pas! Laissez-moi passer, vous tous!...je vous dis que je veux passer! (Elle s'élance. Jacobson lui touche l'épaule avec sa baguette. Sarah reste immobilisée, elle regarde autour d'elle et se voit entourée, comme d'un cercle, des baguettes noires des policemen. Elle va à Adams qui la repousse, puis à Daniel qui pleure et ne la défend pas; alors elle se sent perdue.) Oh! mon Dieu! mon Dieu! mon Dieu! (En disant ces mots, elle tombe peu à peu à genoux, le visage sillonné de larmes et les mains tendues vers le ciel.)

ACTE PREMIER

DEUXIÈME TABLEAU

L'intérieur d'une taverne. Porte au fond, donnant sur la rue. Comptoir, tables, banquettes. Portes à gauche et à droite, conduisant à d'autres salles.

SCÈNE PREMIÈRE

(Au lever du rideau des buveurs de toute sorte sont attablés, d'autres mangent au comptoir. Tableau très-animé.)

UN GARÇON. A qui la douzaine d'huîtres?

PREMIER BUVEUR. A moi!

DEUXIÈME BUVEUR. Hé! père John Bull, passez-moi le jambon d'York et une pinte de porter. (Jonathan entre en scène tenant un coq. Il grimpe sur une table.)

JONATHAN. Ohé! les amateurs, hurrah!... (Montrant son coq.) Je vous présente Salomon Crick, le plus beau coq de l'Ecosse. le champion d'Edimbourg! Salomon Crick défie tous les coqs des trois royaumes. Les paris sont ouverts.

LES BUVEURS. Hurrah pour Salomon Crick!...

PREMIER BUVEUR. Vingt shillings!

DEUXIÈME BUVEUR. Une livre!

PIBROCK. entrant il tient aussi un coq énorme. De quoi! de quoi! Salomon Crick? c'est un coq poitrinaire. (Grimpant sur une table. en face de Jonathan.) Ladies and gentlemen, je vous présente monsieur Goliath, le plus beau coq de l'Angleterre, le champion de la Grande-Bretagne! Goliath défie Salomon. Hip, hip, hip!... Hurrah!

LES BUVEURS. Hurrah pour Goliath!...

JACOBSON, fendant la foule. Que vois-je!... mon neveu sur une table.

PIBROCK. Tiens! bonjour, mon oncle! Ça va bien?

JACOBSON. Un coq! vous n'avez pas le droit de faire battre les coqs... Il faut une autorisation.

LES BUVEURS, avec désappointement. Oh!

JACOBSON. Veux-tu descendre, scélérat!

PIBROCK, n'obéissant pas. Vous voulez m'embrasser, mon oncle?...

JACOBSON. Oh! le brigand! faire battre ces pauvres bêtes!...

PIBROCK, riant. Puisque c'est leur profession!... (S'adressant à son coq.) Allons, maître Goliath, dites bonjour à votre petit oncle.

JACOBSON. Moi l'oncle d'un coq!

PIBROCK. Ça doit vous flatter ça, hein?

JACOBSON, prend le coq. Pauvre animal! il n'a plus qu'un œil... et il a perdu la moitié de ses plumes... Qu'est-ce que vont dire ses poules, demain matin?

PIBROCK. Bah! il ne manque pas de coqs dans les poulaillers! Les poules feront comme les femmes, mon oncle... elles se consoleront. (Rires.)

JACOBSON. Une dernière fois, veux-tu descendre, gredin?...

PIBROCK, sautant à terre. On y va, on y va!...

JACOBSON. Tu n'es qu'un monstre... Tu me fais blanchir les cheveux avant l'âge!

PIBROCK. A qui parlez-vous, mon oncle? à moi ou à Goliath?

JACOBSON. A toi, être dépravé! serpent! abomination de la nature! rebut de l'espèce humaine! Tiens, tiens! Tu es la honte de ton sexe!

PIBROCK. Ayez donc de la famille pour être arrangé comme ça!... Oh! les parents, on a beau faire ils ne sont jamais contents.

JACOBSON. Et de quoi veux-tu que je sois satisfait, chenapan? Comment vis-tu?

PIBROCK. Le plus gaîment possible... Voulez-vous que je vous chante quelque chose?

JACOBSON. La peste t'étouffe, le diable t'étrangle, mécréant! parpaillot!

PIBROCK. Mon oncle, vous êtes tout rouge, vous allez avoir un coup de sang.

JACOBSON. Ah! qui m'eût dit quand tu es venu au monde, toi, le fils de ma sœur...

PIBROCK. Pardon, mon oncle, vous allez me faire de la morale et mon coq me gêne pour écouter... il me donne des distractions. Hé! père John Bull! (A Jacobson.) Si vous avez peur d'oublier quelque chose, faites un nœud à votre mouchoir.

JACOBSON. Voilà comment il me respecte... oh! les neveux!

PIBROCK. Père John Bull, prends maître Goliath et mets-le dans sa cage... maintenant, mon oncle, je suis tout oreilles... Vous en étiez à ma naissance.

JACOBSON. Enfin, tu n'as pas de profession...

PIBROCK. Moi!... merci! j'en ai une flotte!

JACOBSON. Lesquelles?

PIBROCK. D'abord, je fais battre les coqs...

JACOBSON. Ah! joli!

PIBROCK. Tout le monde ne peut pas être banquier... Ensuite je suis boxeur... hier matin, j'ai tombé Ary-Stow, le champion de l'Amérique.

JACOBSON. Oui, il est même dans un joli état... il n'a plus de nez...

PIBROCK, fièrement. L'honneur de l'Angleterre l'exigeait, tout homme se doit à son pays... tenez, vous devriez être fier de moi, mon oncle. Je suis le premier boxeur de Londres. Quand je touche un homme, il a son compte.

JACOBSON. Écoute, comme neveu, je t'aime... oui, j'ai la faiblesse de t'aimer... Comme boxeur, je te tolère... Mais comme pick-pocket, je t'abomine... car tu es un voleur.

PIBROCK. Moi! oh! mon oncle! vous avez la manie de voir des voleurs partout. Je suis adroit de mes mains, c'est la vérité, et si je voulais... mais je n'exerce pas, parole d'honneur. Moi, voler! oh!

JACOBSON. Je ne peux rien dire, je n'ai pas de preuves; mais que j'en aie une seulement, rien qu'une petite... et je t'arrête comme le premier venu...

PIBROCK. Oh!

JACOBSON. Oui, le devoir avant la famille... quand je pense que moi, un honnête policeman, j'ai pour neveu un coquin!

PIBROCK. Le fait est que c'est drôle, ça!

JACOBSON. Qui m'eût dit que tu croîtrais en malice et en perversité pour contrarier ton pauvre bonhomme d'oncle? Ah! j'ai eu beau te donner le fouet dans ton enfance... et certes je n'y manquais pas un jour...

PIBROCK. C'est vrai. (Pendant que Jacobson parle, Pibrock lui enlève prestement son mouchoir et sa tabatière.)

JACOBSON. Et ce n'était pas pour mon plaisir!

PIBROCK. Ce n'était pas pour le mien, non plus!

JACOBSON. J'ai rempli scrupuleusement tous mes devoirs envers toi... et tu m'en récompenses par la plus flagrante ingratitude. Tu fais battre les oiseaux et tu casses le nez aux personnes... voilà ton affaire à toi. La vie a un but plus sérieux et des occupations plus nobles.

PIBROCK. Mon oncle, une prise pour vous reposer.

JACOBSON. Ma tabatière!... Où l'as-tu trouvée?

PIBROCK. Dans votre poche.

JACOBSON, la lui arrachant. Ah! j'en pleurerais.

PIBROCK. Voilà votre mouchoir.

JACOBSON. Mon mouchoir!

PIBROCK. Faut surveiller vos poches, mon oncle. Il y a tant de filous à Londres.

JACOBSON, exaspéré. Veux-tu que je te donne ma malédiction?

PIBROCK, vivement. Oh ça, non, par exemple!... c'est vrai que je suis un peu mauvais sujet, parce qu'il faut que jeunesse se passe... je vous fais un tas de petites niches, parce que les oncles sont sur terre pour être taquinés par les neveux... mais je vous aime bien, allez!... qu'on vienne donc faire du mal au père Jacobson... qu'on y vienne donc! Je voudrais qu'on vous casse... seulement une patte ou deux... et vous verriez!

JACOBSON, ému. Mon Dieu!... tu es méchant, mais tu n'es pas mauvais... je sais bien.

PIBROCK. Alors, venez embrasser votre baton de vieillesse.

JACOBSON, vivement. Non.

PIBROCK. Vous ne voulez pas m'embrasser?

JACOBSON, faiblement. Non.

PIBROCK. Eh bien, laissez-moi vous embrasser, moi... les joues d'un brave homme, ça doit porter bonheur.

JACOBSON, lui tendant les bras. Eh bien, essayons. (Pibrock l'embrasse sur les deux joues.)

PIBROCK. Maintenant, qu'est-ce que vous payez, mon oncle?... Du gin?..

JACOBSON. Non... pas de liqueurs... un grog... si tu veux.

PIBROCK. Va pour le grog!... suis-je gentil, hein?

JACOBSON, à part. Mon Dieu! cet enfant-là, j'en ferai peut-être quelque chose. (Criant.) Hé! père John Bull, deux grogs au genièvre! (Ils vont s'asseoir à une table à droite.)

SCÈNE II

LES MÊMES, OLIVIER SIDNEY, ARTHUR et GEORGES.
(Tous les trois en costume d'officiers de marine.)

ARTHUR, entraînant Olivier. Viens donc, Olivier!

OLIVIER. Es-tu fou? où me conduis tu?

GEORGES. Dans la taverne de Scott, parbleu!

OLIVIER. Une taverne!

GEORGES. Les lords entrent chez Scott, mon lieutenant, tes épaulettes peuvent bien y entrer. (Criant.) Un punch!

LE GARÇON. Tout de suite, mon officier!

OLIVIER. Du punch!... merci je ne boirai pas.

GEORGES. Tu boiras, et tu noieras dans la flamme bleue ta sotte mélancolie. Qu'as tu, enfin? Est-ce le spleen? nous t'en guérirons! as-tu perdu au jeu? voici ma bourse. Veux-tu te brûler la cervelle?

OLIVIER. Peut être!

GEORGES. Se tuer à vingt ans!... Allons donc!... Est-ce que tu as des rhumatismes?

OLIVIER. Que t'importe mon secret!

GEORGES. Tu es amoureux, parbleu! Eh bien, j'ai été amoureux vingt fois, moi... et je ne me suis jamais tué... jamais!...

ARTHUR. Ah! voilà le punch (Ils vont à une table, à gauche.)

GEORGES, versant. Allons, mon cher Olivier, à l'oubli de tes amours!

GEORGES et ARTHUR. A l'oubli!

OLIVIER, prenant son verre. Non... A l'amour éternel!...

PIBROCK à Jacobson. Mon oncle, un petit verre de brandy pour faire couler le genièvre.

JACOBSON. Soit! mais nous n'en prendrons qu'un.

PIBROCK. Certainement... l'ivrognerie est un péché.

JACOBSON, criant. Deux petits verres de brandy!

PIBROCK, criant aussi. Apportez le carafon! (Ici on voit paraître Sarah chancelante. Elle se traîne plutôt qu'elle ne marche; sur sa figure amaigrie, on voit les traces d'une longue douleur; elle entre en s'appuyant contre la porte et se soutenant à peine.)

SCÈNE III

LES MÊMES, SARAH.

SARAH, s'adressant à une table où sont deux buveurs, d'une voix faible. La charité pour l'amour de Dieu!

PREMIER BUVEUR. Bon! voilà Scott qui laisse entrer les mendiants à présent. (Elle s'adresse à une autre table.)

DEUXIÈME BUVEUR. Alors, si on ne peut pas boire tranquille!. . (On lui tourne le dos; elle va à une troisième table, on ne lui répond pas.)

SARAH, à elle-même. Mon Dieu!... j'ai faim... j'ai faim... Est-ce que je vais mourir? (Avec énergie.) Non... non... je ne veux pas... pourtant je souffre bien... A moi!... A moi!.. (Elle se laisse tomber sur une chaise.)

PIBROCK. Ah! une femme qui se trouve mal... eh! John Bull, un verre de brandy! (Mouvement.)

JACOBSON, lui frappant dans les mains. Voyons, ma pauvre femme... (la regardant et à part.) Ah! mon Dieu! ces traits... c'est elle!

PIBROCK. Buvez-moi ça.

JONATHAN, l'arrêtant. Laisse donc, Pibrock... je la reconnais, moi... je l'ai vue hier... elle débarquait au port de Londres avec une douzaine de ses pareilles. Le bateau ramenait le gibier de Botany Bay... Elle a fait son temps.

PIBROCK, indécis. Bah!

JONATHAN, lui prenant le verre. Du brandy pour elle... excusez!

OLIVIER, s'élançant. Misérable!

JONATHAN. Hein?

OLIVIER, prenant un verre sur sa table. Pauvre femme!... Tenez, buvez... buvez doucement!... (il fait boire Sarah qui peu à peu revient à elle.)

JONATHAN, à Olivier. Quand on vous dit que c'est une déportée.

OLIVIER. Qu'importe! c'est une femme qui a faim.

SARAH. Ah! merci, monsieur... vous êtes bien bon, vous.

JACOBSON, à part. C'est Sarah Waters!

JONATHAN, à Pibrock. Dis donc, Pibrock... il nous a insultés.

PIBROCK. Tu crois?

JONATHAN. Il nous a appelés misérables.

PIBROCK. C'est vrai... voilà le moment de boxer. (Il retrousse ses manches.)

JACOBSON, qui les a entendus. Encore!

PIBROCK. Nous sommes insultés, mon oncle!

JONATHAN, se préparant à la lutte. Oui! il m'appartient l'officier.

PIBROCK. Non, c'est à moi... d'ailleurs, tu sais bien que je suis plus fort que toi, tout gros que tu es... je t'ai déjà donné ton compte, Jonathan.

JONATHAN. Oui, mais...

PIBROCK. Allons... pair ou non, à qui l'aura!

JONATHAN. Pair!

PIBROCK. Cinq... huit... onze... j'ai gagné! tu vas voir...

JACOBSON. Comment! tu vas maltraiter cet honnête jeune homme?

PIBROCK. Et ça ne sera pas long.

JACOBSON, aux cent coups. Ah! le petit gredin!... Voilà les mauvais instincts qui reviennent! Il est incorrigible...

OLIVIER, à Sarah. Allons, adieu, ma brave femme, du courage.

PIBROCK. Dites donc, mon officier?

OLIVIER, avec hauteur. Que veux-tu, drôle?

PIBROCK, voulant se précipiter. Drôle!

JONATHAN, l'arrêtant. Il n'est pas en garde.

PIBROCK, à Olivier. Quand on insulte un homme, on retrousse ses manches et on boxe dans la marine marchande... mais je crois que les beaux officiers de la reine ont peur pour leurs manchettes, pas vrai, mon gentleman?

OLIVIER. Tu crois cela?

PIBROCK. Oui. (Otant son tween.) Je crois cela, moi, bel oiseau de mer.

OLIVIER. Eh bien! tu te trompes, voilà tout. (Il retire froidement son habit.)

SARAH. Oh! monsieur, je vous en prie...

OLIVIER. Ne craignez rien. (A ses amis qui veulent le retenir.) Mes amis, et l'honneur du pavillon!

PIBROCK. Je m'appelle Pibrock, mon officier. J'ai battu les champions de l'Amérique...

OLIVIER. Moi, dans deux minutes, j'aurai battu Pibrock.

PIBROCK, en arrêt. C'est ce que nous allons voir!... En garde!

JACOBSON, au désespoir. Et je ne peux rien dire! En Angleterre la boxe est libre... Tout le monde a le droit de se casser la figure.

JONATHAN. En garde! One... two... three... Partez! (Scène de boxe à avantage égal, d'abord. Olivier reçoit un coup qui le fait chanceler une seconde.)

SARAH, qui suit avidement les chances de la lutte. Mon Dieu! (Le combat recommence; Pibrock, pressé à son tour, chancelle et s'appuie sur son oncle, légèrement essoufflé.)

JACOBSON, tout en soutenant son neveu. Tu n'es qu'un scélérat! (On fait boire Pibrock. La lutte recommence plus acharnée.)

PIBROCK, avec un cri. Ah! (Il tombe à moitié renversé sur une table.)

JACOBSON. Ah! mon pauvre neveu!

PIBROCK. J'en ai assez.

JACOBSON. Bassinez-lui le nez!... ayez-en bien soin!... Ah! le chenapan! le chenapan!

PIBROCK. C'est égal, c'est un rude boxeur! (On entraîne Pibrock dans une salle à gauche, Jacobson le suit.)

SCÈNE IV

LES MÊMES, moins PIBROCK et JACOBSON.

OLIVIER, remettant son habit. Le drôle boxe très-bien.

GEORGES, lui serrant la main, en riant. Merci, pour la marine royale.

LES BUVEURS. Hurrah pour l'officier!

OLIVIER, les faisant taire du geste. Merci... bien obligé!

SARAH. Oh! c'est pour moi, monsieur, que vous vous battiez... pour moi qui suis une...

OLIVIER. Vous êtes malheureuse, et les malheureux doivent se comprendre et se protéger.

SARAH, avec intérêt. Pauvre jeune homme! ah! oui, j'entends, quelque amour contrarié. .

OLIVIER. Un amour sans espoir!

SARAH. Ah!...

OLIVIER. Allons! adieu et courage, madame!

SARAH. Adieu, monsieur, et que le bon Dieu vous garde celle que vous aimez!

OLIVIER. Venez, mes amis! (Ils sortent.)

SCÈNE V

SARAH, puis JACOBSON.

SARAH. Pauvre jeune homme! lui aussi, il souffre!

JACOBSON, sortant de la gauche, et à part. Son nez en a pour quinze jours... si seulement ça pouvait lui profiter... (Regardant Sarah.) Pauvre Sarah! comme elle est changée! (Allant à elle.) Sarah?

SARAH. Mon nom!... vous me connaissez?...

JACOBSON. Et vous, vous ne me reconnaissez donc pas?

SARAH. Maître Jacobson!

JACOBSON. Jacobson qui, il y a quinze ans... Que voulez-vous! il y avait des preuves... il a bien fallu... Et vous voilà revenue à Londres?

SARAH. Oui, je suis arrivée hier de Botany-Bay. Toute la nuit, j'ai erré dans les rues de Londres. Ah! maître Jacobson, j'ai été bien coupable... mais le châtiment a été bien cruel.

JACOBSON. Oui... votre ami, le pasteur, m'a tout dit... votre enfant...

SARAH. Oh!... c'est pour la retrouver que j'ai vécu. Là-bas, quand le soleil brûlait mon front, quand la fièvre faisait trembler mon corps, quand j'entendais gronder la mer entre ma fille et moi... si j'ai vécu, c'est qu'un espoir me soutenait... La retrouver, la revoir... sans cet espoir suprême, je me serais punie, allez!... Je me serais tuée... Je serais allée là-haut demander pardon à Adams, le pauvre matelot qui n'est plus!

JACOBSON. Pauvre garçon! que Dieu ait son âme!... Quant à celle d'Atkins, que le diable l'emporte!

SARAH. Comment! Atkins?...

JACOBSON. Après avoir subi sa peine pendant dix ans, Atkins est allé mourir en Amérique... C'est un bon débarras pour l'Angleterre.

SARAH. Si j'ai vécu, moi seule, c'est donc que je dois la retrouver, n'est-ce pas, monsieur Jacobson?

JACOBSON. Dame! tout est possible.

SARAH, d'une voix douce. Vous ne savez pas, là-bas, j'ai rêvé d'elle toutes les nuits... Elle me souriait comme un petit ange. « Je ne veux pas que tu pleures, me disait-elle, c'est pour moi que tu voulais de l'argent... Si tu as été coupable, c'est à cause de moi, c'est presque ma faute... voyons ne pleure pas, maman, ne pleure pas!... » Quand je me réveillais, je me retrouvais au milieu des autres femmes qui chantaient et qui riaient; elles demandaient l'aumône aux gens qui visitaient la prison; c'était pour acheter des liqueurs... moi, je demandais l'aumône aussi, mais c'était pour acheter ceci. (Elle tire de son corsage un médaillon pendu à son cou) C'est un petit médaillon... (Avec un orgueil presque enfantin.) Tenez.. ah! il est en or!... J'y ai renfermé les cheveux de ma fille... Ils sont beaux, n'est-ce pas, monsieur Jacobson?... Elle avait un an, la petite, quand on les lui a coupés. Une fois... vous ne savez pas... une des détenues a voulu me prendre mon médaillon... Ah! je l'ai bien défendu, allez! J'ai été la plus forte... dame! c'est mon cœur qui est là-dedans... c'est tout ce qui me reste d'elle... Ah! il y a des gens bien méchants, allez, monsieur Jacobson... On voulait le voler parce que c'est de l'or... aussi moi, je le tenais serré dans ma bouche pour dormir... comme ça j'étais bien tranquille... on ne pouvait pas me le prendre...

JACOBSON, qui pleure. Pauvre fille!

SARAH. Vous pleurez?

JACOBSON. Dame!... oui... qu'est-ce que vous voulez!... (Lui serrant la main.) Tenez... voilà tout ce que je peux vous dire.

SARAH. Oh! j'ai été bien criminelle, je le sais... mais j'ai tant souffert... Quinze ans, et c'est si long un an... Je comptais les jours, les mois, les heures... Enfin, Dieu merci, me voilà revenue... je vais pouvoir la chercher.

JACOBSON. Mais cet étranger... qui a emporté Jane... il était masqué?

SARAH. Oui.

JACOBSON, avec tristesse. Eh bien!... alors...

SARAH. Il m'a parlé... (Répétant les paroles de l'étranger.) « Si, dans une heure, je quittais Londres en emportant une petite fille d'un an environ, il y aurait pour toi une fortune... Deux mille livres sterling!... Dans une heure, ma voiture sera devant la porte! Dans une heure! » Voilà quinze ans que j'ai entendu ces exécrables paroles et elles sonnent à mon oreille, comme si c'était hier. Voilà quinze ans, et cette voix, je l'entends... c'est la lumière que Dieu a faite pour éclairer mes ténèbres!... Après m'avoir châtiée, brisée, anéantie, du haut de sa miséricorde, c'est un lambeau d'espérance qu'il m'a donné!

JACOBSON. Oui... oui... Et vous la retrouverez.

SARAH. Ah! ça m'a fait du bien de parler d'elle... Je me sens plus ferme et plus vaillante.

JACOBSON. Vrai?

SARAH. Oui... j'ai confiance.. Ah! c'est que j'ai de la religion, maintenant.

JACOBSON. Ah!

SARAH. Oui... il y avait là-bas, un pasteur, un saint homme presque aussi bon que Daniel... il m'a dit: « Repentez-vous... le ciel est à ceux qui se repentent. » Eh bien! je me repens, et le ciel, pour moi, c'est ma fille!

JACOBSON. Pauvre Sarah!

VOIX au dehors. Au secours!.. Arrêtez le! arrêtez-le donc!... (Les buveurs quittent leurs tables pour aller regarder.)

JACOBSON. Allons! bon... qu'est-ce qu'il y a? Est-ce encore mon neveu?

JONATHAN, regardant. Non... c'est un cheval qui s'emporte!

JACOBSON. Un accident! Ah! mon Dieu! quelle journée!... mon neveu a le nez cassé, Sarah qui revient, moi qui pleure et un cheval qui s'emporte! En voilà des émotions! (Il tombe assis.)

JONATHAN. Ah! on arrête le cheval.

JACOBSON. C'est moi qui devrais l'arrêter... mais je n'ai plus de jambes.

SCÈNE VI

LES MÊMES, OLIVIER portant HÉLÈNE évanouie dans ses bras.

OLIVIER. Place!... place!...

JACOBSON. Une jeune fille évanouie... vite, du vinaigre!... Ah! j'ai toujours des sels... en cas d'accidents.

OLIVIER. Donnez..

SARAH, avec intérêt. La pauvre enfant!

OLIVIER. Ce n'est rien... J'ai saisi le cheval par la bride, et j'ai reçu lady Hélène dans mes bras...

HÉLÈNE, revenant à elle. Olivier... c'est toi!... c'est à toi que je dois la vie!...

OLIVIER. Hélène!

HÉLÈNE. Je me promenais dans Hyde-Park avec mon père, et nous nous disposions à rentrer à l'hôtel, quand, je ne sais pourquoi, mon cheval prit peur et s'emporta... Mon père s'élança, mais mon cheval effrayé de plus en plus semblait dévorer l'espace... Je tournai la tête pour appeler mon père, mais il était loin de moi. Alors, je l'avoue, je me suis crue perdue, j'ai eu peur... oh! pour la première fois, car je suis brave... C'est égal, Olivier, ah! je suis bien heureuse de te devoir la vie!... (Elle lui tend la main.)

OLIVIER, avec bonheur. Il le...!

SARAH, qui écoute avidement. Qu'elle est belle!... des yeux noirs... des cheveux blonds, comme Jane!...

HÉLÈNE, apercevant Sarah. Ah! mon Dieu!... la pauvre femme... vois donc, Olivier, comme ses yeux sont fixés sur moi.

SARAH. Oh! ne faites pas attention, miss.. cela ne vous fait rien que je vous regarde, et moi cela me console.

HÉLÈNE, étonnée. Comment? qui êtes-vous?

SARAH. Une mère... qui en vous voyant, miss, ne peut s'empêcher de songer à sa fille.

HÉLÈNE, avec intérêt. Ah! vous avez une fille?

SARAH. Hélas! je ne l'ai plus... on me l'a prise... on me l'a volée...

HÉLÈNE, avec émotion. Volée!...

SARAH. Oh! mais je la chercherai... et il faudra bien...

HÉLÈNE. Pauvre femme!... (Lui tendant quelques pièces d'or qu'elle a prises dans son porte-monnaie) Eh bien!... tenez... prenez ceci... c'est pour vous aider à retrouver votre enfant.

SARAH, la dévorant des yeux. Mon enfant... oui... oui.. je la retrouverai...

HÉLÈNE. Moi, je prierai Dieu pour vous.

SARAH, très-émue. Oui... priez... priez pour moi... les prières d'un ange, Dieu les écoute!...

SCÈNE VII

LES MÊMES, LORD TREVELLIAN paraît au fond, avec un domestique.

HÉLÈNE, allant à lui. Ah!... mon père!... rassurez-vous, je ne suis pas morte.

TREVELLIAN. Imprudente!... folle que vous êtes! me causer de pareilles frayeurs!...

SARAH, qui allait sortir, s'arrêtant à la voix de lord Trevellian. Ah!...

TREVELLIAN. Vous ne monterez plus cette sauvage bête!... fussé-je la donner pour cinq livres, je la ferai vendre... et cela dans une heure!

SARAH, qui a écouté avec une émotion croissante, à part, comme folle.

Dans une heure !... oh! la voix ! c'est la voix !... c'est lui !

TREVELLIAN. Allons, venez... quittons cette taverne...

HÉLÈNE. Vous ne remerciez pas mon sauveur, mon père ?

TREVELLIAN. Votre sauveur ?...

HÉLÈNE. Si votre fille est encore vivante, c'est grâce à sir Olivier.

TREVELLIAN, à part. Lui!... encore!... (Haut.) Je vous suis reconnaissant, monsieur. (Il salue froidement.)

HÉLÈNE, avec reproche. Comme vous lui dites cela, milord!... à lui, votre neveu, et mon ami d'enfance!...

TREVELLIAN, avec impatience. Voyons, Hélène, rentrons à l'hôtel.

HÉLÈNE. Au revoir et merci, monsieur Olivier.

SARAH, courant à Jacobson, bas. Monsieur Jacobson, quel est cet homme ?

JACOBSON, bas. Cet homme ?... c'est lord Trevellian.

SARAH, bas. Lord Trevellian ! enfin !...

TREVELLIAN. Venez, Hélène ! (Il sort avec sa fille.)

SARAH, seule à l'avant-scène. Ah ! il a beau l'appeler Hélène... c'est Jane !... c'est ma fille !... (Trevellian donne le bras à Hélène qui, arrivée au fond, se détourne pour adresser un dernier regard à Olivier. Olivier s'incline; seule à l'avant-scène, Sarah regarde avec ravissement Hélène qui s'éloigne. Le rideau baisse.)

ACTE DEUXIÈME

TROISIÈME TABLEAU

Au West-End, chez lord Trevellian. Un riche salon. Au fond, grande porte, et perron donnant sur le jardin. Portes latérales dans les pans coupés, cheminée à gauche. Ameublement somptueux.

SCÈNE PREMIÈRE
HÉLÈNE, JAMES.

HÉLÈNE, seule, assise et parcourant avec distraction un livre qu'elle tient à la main; entre un domestique poudré et en livrée. Eh bien ! James, qu'y a-t-il ?

JAMES. Milady veut-elle recevoir sir Olivier Sidney ?

HÉLÈNE, avec émotion, se levant. Sir Olivier !... il est là ?

JAMES. Il venait demander des nouvelles de milady... J'ai répondu que milord était au cercle, et qu'en son absence, j'allais prendre les ordres de milady.

HÉLÈNE. Faites entrer. (Le domestique introduit sir Olivier et se retire.)

SCÈNE II
HÉLÈNE, OLIVIER.

HÉLÈNE, avec joie. Olivier !

OLIVIER, avec émotion. Ah! vous du moins, vous ne me chassez pas, Hélène !

HÉLÈNE. Pourquoi cette méchante parole? que t'ai-je fait, moi? suis-je responsable des torts de mon père! S'il t'a banni de son foyer, ne t'ai-je pas gardé ta place dans mon cœur ?

OLIVIER. Pardonne-moi, mais... en entrant dans cette maison si pleine de souvenirs, dans cette maison où ma jeunesse a fait un si beau rêve... en respirant l'air d'autrefois, de ce passé d'hier si heureux et si doux... ah ! malgré moi mon cœur se brise... et mes yeux se remplissent de larmes! (Il se laisse tomber sur un fauteuil.)

HÉLÈNE. Mon ami!... mon frère !...

OLIVIER. Tous les jours je rôde autour de cette demeure qui m'est fermée, et je me dis : Je la verrai peut-être!

HÉLÈNE. Oh ! je t'ai bien vu, moi !...

OLIVIER. Enfin, aujourd'hui, je suis entré malgré moi ; une force invincible me poussait comme pour un dernier adieu... car il me semble que je vais te perdre... et je n'ai que toi au monde.

HÉLÈNE. Et moi, ne suis-je pas seule aussi? n'ai-je pas eu à souffrir de l'indifférence de mon père? et la mort de ma mère ne m'a-t-elle pas faite deux fois orpheline?... Olivier, je t'ai juré que je serais ta femme... et ce serment je ne l'ai pas oublié. Va ! aimons-nous et attendons ! le ciel est avec ceux qui s'aiment!

OLIVIER, couvrant ses mains de baisers. Ah ! chère Hélène!...

HÉLÈNE. Dès aujourd'hui... tout à l'heure, je parlerai à mon père... il ne peut vouloir mon malheur... il consentira... nous serons ses deux enfants... D'ailleurs, ne m'as-tu pas sauvé la

vie ? Ah ! je ne sais pourquoi, mais j'ai là comme une espérance infinie et il me semble que notre épreuve est terminée. (On entend un bruit de voiture. Avec émotion.) C'est lui qui rentre à l'hôtel... il ne faut pas qu'il nous trouve ensemble... sors par le jardin, mais ce soir, à neuf heures, sois là... et j'aurai, j'espère, d'heureuses nouvelles à te donner.

OLIVIER. Mon Dieu ! mon Dieu !

HÉLÈNE. Il doute encore ! (Elle va cueillir une fleur à la jardinière, y met ses lèvres et la tend à Olivier.) Tiens, je t'aime !

OLIVIER, avec bonheur. Ah !

HÉLÈNE. Vite... partez... à ce soir...

OLIVIER. Oui... oui... à ce soir... à toujours! (Il se retire par la porte du fond. Presque aussitôt lord Trevellian entre par une des portes latérales, suivi de James.)

SCÈNE III
TREVELLIAN, HÉLÈNE, JAMES.

TREVELLIAN, à James, en lui donnant son chapeau. C'est bien ! allez... et dites à l'office qu'on nous serve le thé.

JAMES. Oui, milord... (Revenant.) Ah ! j'oubliais de dire à sa seigneurie...

TREVELLIAN. Quoi ?

JAMES. Une servante vient de se présenter pour remplacer la femme de chambre qu'on a congédiée hier.

TREVELLIAN. Une servante... a-t-elle des répondants ?

JAMES. Non, votre Honneur... Mais elle paraît honnête et malheureuse.

HÉLÈNE, avec intérêt. Vraiment !

JAMES. Elle prétend que cette place est son unique ressource, son seul espoir.

HÉLÈNE. Pauvre femme !

TREVELLIAN. Bah! s'il fallait accueillir tous les mendiants!

HÉLÈNE, avec douceur. Mon père!...

TREVELLIAN, à Hélène. Du reste, arrangez cela... voyez cette femme... si elle vous convient, je ne m'oppose pas... (Il va s'asseoir à droite.)

HÉLÈNE, à James. Comment se nomme cette pauvre femme ?

JAMES. Nancy.

HÉLÈNE. Envoyez-la moi dans un instant... je lui parlerai... son malheur est une recommandation... et il est probable que je la prendrai à mon service.

JAMES. Ah ! cet espoir va la rendre bien contente !

HÉLÈNE. Allez, James, allez... laissez-nous ! (James sort.)

SCÈNE IV
TREVELLIAN, HÉLÈNE.

TREVELLIAN, qui pendant ce qui précède est resté plongé dans de sombres réflexions, à part. Encore deux mille guinées perdues dans un seul rubber! toujours cette chance infernale, maudite!...

HÉLÈNE, à part. Comme il paraît soucieux !

TREVELLIAN, à part. Ah ! la fatalité me poursuit, elle s'acharne à ma ruine !

HÉLÈNE, à part. Il faut pourtant que je lui parle. (Haut et s'approchant.) Vous avez l'air tourmenté, mon père ?

TREVELLIAN, brusquement. Moi !... pourquoi ?... que supposez-vous ?

HÉLÈNE, timidement. Mon Dieu, je ne suppose rien... je craignais seulement...

TREVELLIAN, d'un ton plus calme. Vous vous trompiez, Hélène... je n'ai aucun tourment... aucun sujet de contrariété.

HÉLÈNE. Ah ! tant mieux!... car j'ai, ce soir, une prière... un aveu à vous faire!...

TREVELLIAN. Un aveu ?

HÉLÈNE. Que vous auriez reçu depuis longtemps déjà, si votre sévérité, votre froideur, n'étaient venues arrêter ma confiance.

TREVELLIAN. Ma froideur !... est-ce un reproche ?

HÉLÈNE. Non, mon père... c'est une excuse.

TREVELLIAN. Enfin, de quoi s'agit-il ? voyons.

HÉLÈNE. D'une chose qui peut décider du bonheur de ma vie.

TREVELLIAN, avec une légère ironie. Ah!... ah! quelque passion romanesque... une idylle de pensionnaire... dont le héros s'appelle sans doute Olivier Sidney ?

HÉLÈNE. Eh, mon père.

TREVELLIAN. Ah ! parbleu, la chasse à l'héritière ! c'est cela.

HÉLÈNE. Ah ! milord, vous lui faites injure! c'est l'âme la plus noble, le cœur le plus généreux... et aujourd'hui même, en s'exposant pour moi, n'a-t-il pas prouvé...

TREVELLIAN, *l'interrompant.* Bref, vous venez me demander ?...

HÉLÈNE. De ratifier le choix de mon cœur, de consentir à notre mariage.

TREVELLIAN, *avec hésitation.* Vous donner à un petit officier de marine, à un cadet de famille sans patrimoine !...

HÉLÈNE. N'est-il pas le seul parent de ma pauvre mère ? d'ailleurs, je suis riche pour deux. N'aurai-je pas en dot la fortune que m'a laissée lady Trevellian ?

TREVELLIAN, *tressaillant, à part.* La fortune de... (*haut.*) Ah çà ! mais on n'apporte pas le thé... sonnez donc, Hélène !

HÉLÈNE. Vous ne m'avez pas répondu, mon père.

TREVELLIAN. Plus tard... nous recauserons de cela. Eh bien ! voyons donc, viendra-t-on enfin ?

SCÈNE V

LES MÊMES, JAMES *portant le thé sur un plateau,* SARAH *en femme de chambre anglaise.*

JAMES. Me voici, milord... me voici (*A Sarah qui se tient près de la porte et n'ose entrer.*) Allons, approchez.

TREVELLIAN. Hein ? qu'est-ce donc ?

HÉLÈNE. Ah ! c'est cette femme dont James nous a parlé.

JAMES. Oui, milady. (*Il va poser le plateau sur le guéridon.*)

SARAH, *très émue, regardant Hélène, immobile, en extase, à part.* Elle... ma Jane... ma fille bien-aimée !... je la revois !... me voilà près d'elle !

TREVELLIAN, *avec rudesse à Sarah.* Eh bien ! vous restez là !... avancez donc !

SARAH, *toute tremblante.* Oui... milord... oui... je...

HÉLÈNE, *avec douceur.* Comme vous tremblez !

SARAH. Pardon... c'est le trouble... l'émotion, vous comprenez, la première fois...

TREVELLIAN, *à part.* Il me semble connaître ce visage.

HÉLÈNE, *la regardant plus attentivement.* Mais je ne me trompe pas, c'est vous que j'ai rencontrée.

SARAH. Oui, tantôt... dans cette taverne.

HÉLÈNE. Où l'on m'avait portée presque évanouie de frayeur.

SARAH, *à part.* Elle se souvient de moi ! Cher ange !

HÉLÈNE. Vous êtes cette pauvre femme...

SARAH. A laquelle vous avez témoigné tant d'intérêt, de pitié.

TREVELLIAN, *à part.* Dans cette taverne... ah ! oui, c'est là que je l'aurai vue... (*Il va s'asseoir près du guéridon et verse le thé. Hélène s'assied près de lui.*)

HÉLÈNE, *à Sarah.* Mais comment donc se fait-il ?

SARAH. Ah ! c'est une idée qui m'est venue comme ça... Après votre départ... vous voyant si bonne, si charitable, je me suis dit que je serais bien heureuse de passer mes jours à vos côtés... Alors je me suis informée... j'ai appris que milord cherchait une femme de chambre... Avec l'argent que vous m'avez donné, j'ai acheté des vêtements plus propres, et je me suis présentée, espérant que vous ne refuseriez pas mes services et que le bon Dieu me ferait la grâce de me laisser vivre auprès de vous !

HÉLÈNE, *avec intérêt.* Oh ! oui... oui, certainement c'est convenu, vous restez avec moi.

SARAH, *à part.* O mon Dieu ! soyez bénie !

TREVELLIAN, *à part.* Cette émotion est étrange !... (*haut.*) Prenez-vous une tasse de thé, Hélène ?

HÉLÈNE. Volontiers. Et ensuite, mon père, si vous y consentez, nous irons ensemble faire un tour de jardin.

TREVELLIAN. Ah ! oui, je comprends !... vous voulez me parler encore de M. Olivier...

SARAH, *à part, au fond.* Olivier !... (*Elle prête attention.*)

TREVELLIAN. Vous espérez gagner la cause de votre préféré.

HÉLÈNE, *suppliante.* Mon père !...

SARAH, *à part.* Pauvre enfant !... elle l'aime !...

HÉLÈNE, *à Trevellian.* Pourquoi refuser un consentement qui nous rendrait si heureux ?...

SARAH, *à part avec colère.* Refuser !...

TREVELLIAN. Eh mon Dieu ! je ne refuse pas... donnez-moi le temps de réfléchir... je verrai... je ne dis pas non.

SARAH, *à part.* A la bonne heure !... ah ! c'est que je veux qu'elle soit heureuse, moi !...

TREVELLIAN, *s'apercevant de la présence de Sarah.* Comment !... encore ici !... à nous écouter !...

SARAH, *s'excusant.* Milord...

HÉLÈNE, *vivement et se levant.* Est-ce que vous ne venez pas, mon père ?

TREVELLIAN, *se levant aussi.* Soit ! puisque vous y tenez, allons !...

HÉLÈNE, *à part.* Oh ! il cédera à mes instances, à mes prières !...

TREVELLIAN *à part, regardant Sarah.* Je saurai quelle est cette femme ! (*Il s'éloigne par le fond avec Hélène, qui sort après avoir fait un signe affectueux à Sarah ; celle-ci la regarde partir en l'enveloppant d'un regard plein de tendresse et lui envoyant des baisers.*)

SCÈNE VI

SARAH, *seule.* Ma fille !... ma belle Jane !... mon enfant adorée !.. (*S'arrêtant avec accablement.*) Et n'être jamais pour elle qu'une étrangère !... une servante !... renoncer à son amour, à ses caresses. (*Pleurant.*) à cette douce joie de l'entendre me dire : Ma... (*Essuyant ses larmes.*) Y renoncer !... pourquoi donc ? c'est mon enfant après tout, c'est ma chair... c'est mon sang !... (*Avec une énergie sauvage.*) Je suis bien bonne de me taire... de la laisser à ce lord... à ce faux père qui ne peut l'aimer... qui ne l'aime pas... tandis que moi, moi !... (*Réfléchissant.*) Mais s'il refuse de me la rendre ?... Eh bien ! s'il refuse, il y a des juges... j'irai les trouver.. et ils m'entendront... et ils me croiront... On ne se trompe pas aux accents d'une mère... et ils me rendront ma fille... (*Avec une conviction heureuse.*) oui... oui... ils me la rendront !... (*Regardant autour d'elle et après un long silence.*) Qu'aurais-je à lui offrir à la place de ce luxe, de ce bien-être auxquels elle est accoutumée ? les privations, la misère !.. Et puis, ce jeune homme qu'elle aime, voudrait-il l'épouser, quand il apprendrait que je suis sa mère ? Je la condamnerais aux regrets, au désespoir... je verrais couler ses larmes... Ah ! taisons-nous !... gardons mon secret !... contentons-nous de la voir, de veiller sur elle... d'être témoin de son bonheur... Oui, je la verrai marcher et sourire, je l'entendrai parler ! Et qui sait, si elle me prend en amitié, je deviendrai peut-être la confidente de ses petits secrets. Et puis, dans l'année, il y a de grandes fêtes, Pâques, la Noël ; alors, ces jours-là, je lui dirai : Mademoiselle, voulez-vous me permettre de vous embrasser ? Et peut-être bien qu'elle m'embrassera d'elle-même, sans que je le lui demande. Ah ! c'est ces jours-là que je serai heureuse !

SCÈNE VII

SARA, JAMES, *puis* TREVELLIAN, *ensuite* ATKINS.

JAMES, *entrant.* Tiens, vous êtes seule ! où donc est mon maître ?

SARAH, *toute à ses pensées.* Votre maître ?

JAMES. Sans doute... est-ce que vous ne m'entendez pas ? je vous demande où est lord Trevellian ?

TREVELLIAN, *paraissant.* Me voici, que voulez-vous ?

JAMES. Je venais prévenir milord qu'il y a là un étranger qui demande à lui parler.

TREVELLIAN. Un étranger !... lui avez-vous demandé son nom ?

JAMES. Il m'a répondu qu'il était inutile de le dire, qu'il n'avait pas l'honneur d'être connu de milord, mais qu'il avait à l'entretenir d'une affaire importante.

TREVELLIAN. C'est bien, conduisez-le ici. (*James sort. A Sarah en lui désignant la théière et les tasses restées sur le guéridon.*) Et vous, emportez tout cela.

SARAH, *s'empressant.* Oui, milord, oui.

TREVELLIAN, *à part.* Que peut me vouloir ce visiteur mystérieux ?

JAMES, *reparaissant, introduisant Atkins.* Par ici, monsieur. (*Entre Atkins mis avec élégance, tenue de vrai gentleman.*)

SARAH, *occupée à ranger, à part, avec stupéfaction.* Atkins !

TREVELLIAN, *à James et à Sarah.* Laissez-nous !

SARAH. Je m'en vais, milord... je m'en vais. (*Elle sort en emportant le plateau.*)

SCÈNE VIII

TREVELLIAN, ATKINS.

TREVELLIAN. Vous avez à me parler, monsieur ?

ATKINS. Oui, milord, d'une chose de la plus haute gravité.

TREVELLIAN, *lui montrant un fauteuil.* Asseyez-vous, je vous écoute. (*Ils s'asseyent.*) Mais, d'abord, veuillez m'apprendre qui vous êtes.

ATKINS. Oh ! peu importe ! il ne s'agit pas de ce que je suis, mais de ce que je veux être.

TREVELLIAN, *surpris.* Comment ?

ATKINS *avec un aplomb imperturbable.* Mon passé, sur lequel je tirerai un rideau discret, a été semé d'écueils. Je me suis souvent heurté aux aspérités de la vie ; j'ai eu ce qu'on appelle une jeunesse orageuse.

TREVELLIAN, *voulant interrompre.* Mais...

ATKINS. Pardon, laissez-moi continuer... j'ai résolu de faire peau neuve. Je suis ambitieux ! j'aspire à la fortune, aux honneurs, à la considération... chaque âge a ses faiblesses (Mouvement d'impatience de Trevellian.) Pour atteindre ce but, j'ai songé à faire un brillant mariage, à contracter une riche alliance. En un mot, j'ai l'honneur de vous demander la main de lady Hélène, votre fille.

TREVELLIAN, avec emportement. Vous?... allons, vous êtes en démence !... Avez-vous pu croire que je vous donnerais ma fille, lady Hélène Trevellian ?

ATKINS. C'est juste ! je me suis mal expliqué : (Se levant et avec fermeté.) je vous demande l'enfant que vous avez acheté à Sarah Waters.

TREVELLIAN, bondissant. Qu'osez-vous dire !... imposture !

ATKINS, tranquillement. J'ai des preuves !

TREVELLIAN. Des preuves !... vous ?

ATKINS, se rasseyant, et du ton le plus calme. Une nuit, il y a quinze ans, j'en avais vingt alors. (A Trevellian qui se rassiet et écoute.) Ah ! cela vous rend attentif... (Reprenant son récit.) Je me trouvais dans le parc de Trevellian...

TREVELLIAN, avec trouble. Le parc de Trevellian !...

ATKINS. Une de vos propriétés... Je braconnais un peu dans ce temps-là... Que voulez-vous !... il faut bien vivre !... et puis j'aime le gibier. Donc, cette nuit-là, je faisais la chasse à vos lièvres... j'étais à l'affût, lorsque tout à coup j'entends marcher dans le parc... De crainte d'être découvert, je me blottis derrière un buisson... et alors je vis s'approcher un homme qui portait quelque chose sous son manteau.

TREVELLIAN, à part. Oh ! mon Dieu !

ATKINS. Il fit, avec une bêche, un trou dans la terre, et y déposa l'objet qu'il avait apporté, une sorte de coffret. La lune brillait en ce moment, et je pus distinguer le visage de cet homme ; c'était vous, milord.

TREVELLIAN, cherchant à contenir son émotion. Moi ?

ATKINS. Vous-même... Oh ! j'ai eu des prix de mémoire, dans mon enfance, et je suis sûr de ce que je dis. Cette besogne achevée, vous vous éloignâtes. Alors, par une curiosité bien naturelle, je voulus savoir ce que contenait le coffret mystérieux... Je m'imaginais que c'était de l'or... je creusai à mon tour la terre fraîchement remuée... je pris le coffret, j'en fis sauter le couvercle, et à ma grande surprise, je trouvai... est-il nécessaire de vous dire quoi, milord ?

TREVELLIAN, vivement et regardant autour de lui avec effroi. Non !... je vous en dispense.

ATKINS. Je refermai le coffret et je le replaçai dans la fosse, et, précaution que vous aviez négligé de prendre, je fis une marque à l'arbre au pied duquel il était enfoui... de sorte qu'aujourd'hui je pourrais retrouver l'endroit, chose qui vous serait probablement impossible.

TREVELLIAN, à part. C'est vrai !

ATKINS. J'avais le pressentiment que ce secret pourrait me servir un jour... et je ne me trompais pas, car le lendemain, je voyais entrer chez Sarah un homme masqué, mais qu'à sa démarche, il me sembla reconnaître... et je n'en doutai plus, quand j'appris que ce gentleman venait acheter un enfant.

TREVELLIAN, à part. Il sait tout !

ATKINS. Il ne me fallait pas de grands frais d'intelligence pour comprendre que vous vouliez remplacer celui que la mort vous avait enlevé. Je pris des informations, je sus que lord Trevellian avait dissipé au jeu la presque totalité de sa fortune personnelle, et que la riche dot de sa femme devait, à la mort de celle-ci, retourner à sir Olivier Sidney, au cas où il ne subsisterait pas d'enfant de ce mariage. Or, lady Trevellian venait de mourir, votre fille unique l'avait suivie à quelques jours d'intervalle, la dot allait vous échapper si vous ne parveniez pas à faire croire à l'existence de l'enfant, au moyen d'une substitution. Aussitôt mon plan fut fait : je pris patience, je laissai s'écouler les années, car il fallait pour l'accomplissement de mes projets, que la jeune fille fût en âge de se marier. Et aujourd'hui que ce moment si longtemps attendu est arrivé, aujourd'hui que mon rêve d'ambition, de fortune, peut enfin devenir une réalité, je vous le répète, milord, voulez-vous me donner en mariage lady Hélène Trevellian ?

TREVELLIAN, avec hauteur. Et si je bravais votre audace ?... si je refusais ?

ATKINS, avec calme. Votre Honneur ferait une sottise.

TREVELLIAN. Monsieur !

ATKINS. Si vous refusiez, en sortant d'ici, j'irais trouver les constables, je les conduirais dans votre parc, je ferais fouiller la terre, et là, au pied de l'arbre que vous seul je connais, ils trouveraient une petite fille, la véritable lady Hélène ; et si mon témoignage ne suffisait pas, j'y joindrais celui de Sarah Waters.

TREVELLIAN. Cette femme a été condamnée à la déportation.

ATKINS. Elle a fini sa peine... je sais même qu'elle est de retour à Londres.

TREVELLIAN, à part. Malédiction !

ATKINS. Vous connaissez la loi, milord... détournement d'enfant, substitution d'état... vous savez où cela mène.. en Australie... et c'est un vilain climat, milord.. il y a de grosses mouches qui sont insupportables !

TREVELLIAN. Mais, en admettant que je consente, comment aux yeux du monde colorer un pareil mariage ? n'est-ce pas risquer de me compromettre ?...

ATKINS. Oh ! rassurez-vous ! je suis en règle. Enfin, dans tous les cas, l'inconvénient est moindre, vous en conviendrez.

TREVELLIAN, avec accablement. Je suis dans votre main, monsieur, il faut que je me résigne à subir vos conditions.

ATKINS. Je crois que c'est le plus prudent.

TREVELLIAN, à part. Après tout, Hélène n'est pas ma fille.

ATKINS. Pas de délais ! aujourd'hui même, que tout soit conclu !

TREVELLIAN. Quoi ?... aujourd'hui... vous exigeriez ?...

ATKINS. Ce soir, dans une heure, j'amènerai un notaire. D'ici là prévenez lady Hélène et décidez-la à m'accepter pour mari.

TREVELLIAN. Mais son cœur n'est pas libre... elle aime quelqu'un.

ATKINS. Oui, sir Olivier Sidney, son cousin... touchantes amours d'enfance !.. je n'ai pas le ridicule d'être jaloux comme un mari français... Au revoir, milord... (Fausse sortie.) Ah ! j'oubliais un détail. Je m'appelle sir Lionel Mortimer... A ce soir, pour signer le contrat ! (Atkins sort.)

SCÈNE IX

TREVELLIAN, SARAH.

TREVELLIAN, accablé et à part. Il le faut !... ma sûreté, mon bonheur, exigent ce mariage !

SARAH, sortant de la gauche, pâle et terrible. Et moi, milord, je vous dis que le mariage de lady Hélène ne s'accomplira pas...

TREVELLIAN. Vous !

SARAH. Parce que je ne le veux pas.

TREVELLIAN. Malheureuse !... et de quel droit ?

SARAH. Parce que je suis sa mère.

TREVELLIAN, atterré. Sarah Waters !

SARAH. Oui, Sarah Waters... Regardez-moi donc bien en face... Ah ! vous me reconnaissez, milord ! Mon Dieu, j'avais renoncé à entendre jamais ce doux nom de mère sortir de ses lèvres... Pour la voir riche, heureuse, je m'étais résignée à n'être pour elle qu'une servante... Mais vous voulez la sacrifier à un infâme, l'enlever à celui qu'elle aime, vous voulez consommer froidement son malheur et sa honte... Ah ! je parlerai ! Mais vous ne savez donc pas quel est l'homme qui sort d'ici ? c'est un voleur, entendez-vous ? un voleur, un repris de justice !...

TREVELLIAN. Un repris de justice !

SARAH. Je le sais bien, moi... nous avons été condamnés ensemble.

TREVELLIAN. Eh bien ! oui... oui... tu es Sarah Waters, et Hélène est bien ta fille ; mais quelle preuve en donneras-tu ?

SARAH. Quelle preuve ?

TREVELLIAN. On ne te croira pas !

SARAH. Oh !.. elle me croira, elle !

TREVELLIAN. De quel poids sera le témoignage d'une femme flétrie par la justice ? tu seras brisée dans la lutte avec moi... Prends garde, Sarah ! Cette enfant, tu me l'as vendue, tu m'as vendu la fille.

SARAH. Oui, je suis une misérable... j'ai touché l'or maudit... il brûle encore ma main... J'ai été châtiée par les hommes, j'ai été châtiée par Dieu. Mais je me relève devant les hommes par l'expiation, comme je me suis relevée devant Dieu par le repentir... Elle, ma Jane, ma fille, ce trésor de beauté, d'innocence, épouser Atkins le déporté ! Ah ! ah ! ah ! Mais tu ne sais donc pas que j'irai à Trevellian-Cottage, dans le parc... oui, Dieu me conduira, je creuserai la terre avec mes ongles, je trouverai la véritable Hélène dans sa tombe, et je dirai aux juges : Tenez, prenez la morte et rendez-moi la vivante !... rendez-moi ma fille !

TREVELLIAN. Et moi, Sarah, et moi, je te dis que tu ne peux rien contre moi. Va, cherche bien dans le parc... Atkins lui seul a le secret... lui seul peut me perdre... La lutte, je l'accepte, je te défie ! Et maintenant, sortez, Sarah Waters... je vous chasse !

SARAH. Ah !... Eh bien, je ne partirai pas seule, du moins... (Criant.) Jane ! mon enfant !... ma fille ! viens, Jane !

TREVELLIAN, en désordre. Ah ! je suis perdu ! (Il sonne vivement, plusieurs domestiques paraissent ; leur montrant Sarah.) Chassez cette folle !

SARAH. Folle ! moi !

TREVELLIAN. Chassez-la, vous dis-je !... obéissez !

SARAH. Ah ! le lâche !... (Se débarrassant des mains qui la retiennent. A Trevellian, se redressant menaçante.) Prends garde, milord Trevellian, tu me chasses, mais je reviendrai frapper à la porte ! (Elle sort vivement, les domestiques la suivent.)

SCÈNE X
TREVELLIAN, HÉLÈNE, puis JAMES.

TREVELLIAN, à James. Prévenez lady Hélène que je l'attends. (A lui-même.) Allons, du calme... il n'y a pas à hésiter... Ce misérable me perdrait. (Hélène paraît.) Approchez, Hélène...

HÉLÈNE, entrant et à part. Ce bruit que je viens d'entendre... (Haut.) Vous avez à me parler, mon père ?

TREVELLIAN. Oui, approchez... appelez à votre aide toute votre soumission, tout votre courage.

HÉLÈNE. Mon Dieu !... vous m'effrayez... qu'avez-vous donc à m'apprendre, milord ?

TREVELLIAN. Des raisons impérieuses, plus puissantes que ma volonté, me forcent à disposer de vous, de votre main.

HÉLÈNE, avec effroi. Un mariage !

TREVELLIAN. Oui, un mariage nécessaire, indispensable... un mariage dont dépend l'honneur de notre famille.

HÉLÈNE. L'honneur de notre famille !

TREVELLIAN. Oui... un refus de vous pourrait entraîner ma perte... et j'ai compté assez sur votre dévoûment pour engager ma parole.

HÉLÈNE, fondant en larmes. Ah ! mon père ! mon père !

JAMES, entrant. Milord...

TREVELLIAN. Eh bien ?

JAMES. Sir Lionel Mortimer vient d'arriver avec un notaire.

HÉLÈNE. O ciel !

TREVELLIAN, tressaillant. Déjà ! déjà ! (A Hélène.) C'est lui... c'est le mari que je vous destine.

JAMES. Vous sachant ici avec milady, je les ai fait entrer dans votre cabinet.

TREVELLIAN. Il suffit... Dites-leur que je vais me rendre près d'eux. (A part.) Oh ! cet homme ! cet homme ! (James sort.)

HÉLÈNE. Ah ! mon Dieu !... Est-ce que ce serait aujourd'hui ?...

TREVELLIAN. Oui, ce soir, ce soir même, nous devons signer le contrat.

HÉLÈNE. Signer le contrat ! (D'un ton suppliant.) Mon père !

TREVELLIAN. Pour votre honneur, il le faut, vous dis-je.

HÉLÈNE, les mains jointes. Au nom du ciel !

TREVELLIAN, dans le plus grand trouble. Obéissez !... je le veux... je le veux !... (Il s'élance au dehors.)

SCÈNE XI
HÉLÈNE, puis OLIVIER.

HÉLÈNE, seule. Que faire, mon Dieu ? Entre l'honneur de mon père et l'amour d'Olivier, que faire ? (Neuf heures sonnent.) Neuf heures !... et Olivier à qui j'ai promis... ah ! malheureuse !

OLIVIER, paraissant. Hélène !

HÉLÈNE. Lui !

OLIVIER. Hélène, lord Trevellian était avec toi. Oh ! parle, parle vite... j'ai besoin que ta voix me dise de vivre... j'ai besoin d'un rayon de bonheur et d'espérance !

HÉLÈNE, en pleurant. Olivier ! mon ami, mon frère !...

OLIVIER. Des larmes ! ô mon Dieu !

HÉLÈNE. Non, pour nous le bonheur n'est pas de ce monde. Dans une heure, je serai la femme d'un autre !

OLIVIER. Vous !

HÉLÈNE. Olivier, ne m'accablez pas, ne m'ôtez pas le courage... partez... oubliez-moi.

OLIVIER. Et vous consentez ?...

HÉLÈNE. Et l'honneur... de... notre famille !...

OLIVIER. Mais votre serment ?... ce serment que vous me faisiez là... tout à l'heure.

HÉLÈNE. Ce serment !... oubliez-le... il le faut !

OLIVIER. Ah ! je comprends enfin... j'étais bien fou de croire à vos paroles, à votre amour.

HÉLÈNE, à travers ses larmes. Mais mon père exige...

OLIVIER, avec amertume. Obéissez à votre père... lady Hélène, allez contracter l'alliance qu'on vous propose... moi, j'en mourrai... Adieu !..

HÉLÈNE. Olivier !

OLIVIER. Adieu, milady !... adieu... pour toujours ! (Il s'éloigne vivement par le fond.)

HÉLÈNE. Arrêtez !... Olivier !... (Chancelant.) Ah ! c'est plus que mon cœur n'en peut supporter... c'est trop... la force m'abandonne... je me sens mourir !... (Elle tombe sans connaissance sur le canapé. Sarah paraît et court à elle.)

SCÈNE XII
HÉLÈNE évanouie, SARAH.

SARAH, poussant un cri, et à genoux près d'Hélène. Ah !... Jane !... ma fille !... évanouie ! inanimée ! (Se désespérant.) Ah ! ils me la tueront !... ils me la tueront !... (Avec énergie.) Et je la laisserais ici... à leur merci... en leur pouvoir ! Elle deviendrait la victime de cet infâme Atkins !... oh ! jamais, jamais !... Elle est à moi... c'est mon bien... et je l'emporte... (Elle la prend dans ses bras.) Tens ! j'ai bien volé autrefois les enfants des autres... je peux bien aujourd'hui leur voler ma fille ! (Elle s'élance et disparaît dans le jardin ; le rideau baisse.)

ACTE TROISIÈME
QUATRIÈME TABLEAU

Une chambre d'hôtel garni, dans Charing-Cross. — Intérieur pauvre et mansardé ; au fond, une fenêtre assez élevée, et près de cette fenêtre, à gauche, un lit. — A droite, premier plan, la porte d'entrée. — Deuxième plan, une commode ; sur le devant à gauche, un grand fauteuil, et près de ce fauteuil une table de bois sur laquelle il y a une petite corbeille à ouvrage ; quelques chaises de paille. — A côté du fauteuil, un petit tabouret.

SCÈNE PREMIÈRE

SARAH, debout dans la chambre près de la commode. HÉLÈNE, près de la fenêtre et pensive. Elle a encore la robe qu'elle portait au deuxième acte, mais cette robe est usée, flétrie, ainsi que les vêtements de Sarah. Les traits des deux femmes portent l'empreinte de longues privations.

SARAH, regardant Hélène, et après quelques instants d'une contemplation muette. Jane !... ma chérie !... à quoi penses-tu donc ?...

HÉLÈNE. Moi ?... mais... à rien, mère.

SARAH, avec un sourire triste. Ah ! oui, tu dis ça, pour ne pas me faire de chagrin... mais va, je devine bien à quoi tu penses, moi !... tu as des regrets.

HÉLÈNE, vivement. Des regrets !... oh ! non, non, mère... vous vous trompez... Que pourrais-je regretter auprès de vous qui m'aimez tant, qui êtes si bonne, si dévouée !... (Elle s'assied dans le grand fauteuil.)

SARAH. Ah ! tu ne te plains pas, parce que tu es un ange du ciel... Tu supportes tout avec la résignation d'une sainte... les privations, la misère... Depuis un mois que je t'ai amenée ici, que je te tiens cachée dans ce pauvre garni de Charing-Cross, jamais un mot de plainte n'est sorti de ta bouche... Et c'est ce qui me désole, vois-tu, j'aimerais mieux entendre les reproches. (Elle s'assied près d'Hélène sur le petit tabouret.)

HÉLÈNE. Des reproches !... grand Dieu !... des reproches, à vous !...

SARAH. Se plaindre, ça soulage... tandis que renfermer tout en soi-même, dévorer ses larmes, ses chagrins...

HÉLÈNE. Mais je vous assure, mère, que je suis heureuse.

SARAH. Pauvre enfant ! (Lui prenant les mains.) Comme tes mains sont froides !... Tu n'es pas malade, au moins, ma fillette ?...

HÉLÈNE. Non, mère.

SARAH. Laisse-moi les baiser, ça les réchauffera. (Elle couvre de baisers les mains d'Hélène.)

HÉLÈNE. Que vous êtes bonne !... Allons, ne vous désolez pas, mère !... Dieu ne peut nous abandonner, il aura pitié de nous...

SARAH, se levant. Ah ! il est temps qu'il vienne à notre secours ! Toutes nos faibles ressources sont épuisées !... (Regardant de tous côtés.) Rien !... plus rien !...

HÉLÈNE, avec une feinte gaîté. Bah ! nous finirons par trouver de l'ouvrage, nous gagnerons de l'argent...

SARAH. Mais en attendant ?...

HÉLÈNE. Madame Maggy, notre hôtesse, ne refusera peut-être pas de nous faire encore crédit...

SARAH, à part. Si elle savait que ce matin même, elle m'a menacée de nous renvoyer... (Haut.) De l'ouvrage !... C'est à peine si j'ose sortir pour en demander... je crains que ceux qui te cherchent sans doute, ne viennent à découvrir notre demeure... Hier au soir, en sortant d'un magasin du Strand, où j'espérais obtenir du travail, il m'a semblé que j'étais suivie.

HÉLÈNE. Ah! mon Dieu!...

SARAH. Qu'allons-nous devenir?... Ah! si j'étais seule, ça me serait bien égal, va!.. J'ai l'habitude du malheur, moi... mais toi qui as été élevée dans l'aisance, dans la richesse... toi qui n'avais jamais manqué de rien, et qui aujourd'hui... (Avec désespoir.) Ah! tiens, vois-tu, Jane, il y a des moments où, quand je regarde ton pauvre visage si pâle, tes joues amaigries, j'ai envie de...

HÉLÈNE, inquiète. De quoi donc, mère?...

SARAH. Eh bien! de... d'aller trouver ce lord à qui je t'ai enlevée, et de lui dire: tenez, je vous la rends, reprenez-la... et qu'elle vive!... qu'elle vive!...

HÉLÈNE, se levant et courant à elle. Nous séparer!... oh! jamais!... jamais, ma mère!.. (Elle l'étreint dans ses bras.)

SARAH, avec un cri de joie. Ah! tu m'aimes donc?

HÉLÈNE. Si je vous aime?... Mais, avant même de savoir que j'étais votre fille, je vous aimais déjà... dès la première fois que je vous ai vue, j'ai senti mon cœur se fondre en une tendresse inconnue... Si je vous aime!...

SARAH, la serrant dans ses bras. Ah! ça console, ces choses-là!... ça console!

HÉLÈNE. Et vous iriez me rendre à celui qui voulait contraindre mon cœur!... à l'homme qui, pendant quinze ans, m'a privée de votre vue, de votre affection, de vos caresses... à l'homme qui m'a volée à vous... car... il m'a volée, n'est-ce pas, mère?... vous me l'avez dit...

SARAH, avec embarras. Oui... oui... volée... tout enfant... au berceau... pendant une absence que j'avais été forcée de faire...

HÉLÈNE, lui prenant la main. Eh bien! maintenant que nous sommes réunies, il ne faut plus nous quitter... Les privations, la pauvreté... bah!... qu'est-ce que cela?... Je suis la fille d'un matelot, moi!... Je sais être forte contre la tempête... L'orage gronde... Eh bien! laissons passer l'orage, mère, et attendons le ciel bleu!

SARAH, l'embrassant. Chère enfant!... ah! tu me rends l'espérance, le courage... (Elle se dispose à sortir.)

HÉLÈNE. Vous me quittez?... où donc allez-vous, mère?...

SARAH. Je vais trouver notre hôtesse... la supplier de nous accorder quelques jours de délai... Et puis, faire de nouvelles démarches auprès de ces marchands... (Embrassant Hélène.) Allons, à bientôt, fillette... à bientôt!... et bon espoir!... (Elle sort vivement.)

SCÈNE II

HÉLÈNE seule, à la porte. Ah! puisse-t-elle réussir!... (Fermant la porte et revenant en scène.) Pauvre mère! J'affecte le calme, la résignation pour ne pas l'affliger... je lui cache une partie de mes chagrins... Cher Olivier!.. qu'est-il devenu?... (Elle va s'asseoir dans le fauteuil, et prend sur la table un petit ouvrage de broderie.) Depuis notre séparation, je n'ai pas eu de ses nouvelles... Sans doute, il me croit mariée... il se désespère!... il m'accuse! ah! cette pensée me brise le cœur... Et puis, la souffrance... le besoin... Je... je me sens épuisée... (Elle laisse tomber sa broderie. D'une voix qui s'affaiblit par degrés.) Un sommeil que je ne puis vaincre.. s'empare de moi... (Dans un demi-sommeil.) Olivier!... Olivier!... je t'aime!... (Ses yeux se ferment. Elle finit par s'endormir tout à fait. Au bout d'un instant, la fenêtre poussée du dehors s'ouvre doucement, et Pibrock, monté sur le toit, avance la tête.)

SCÈNE III

HÉLÈNE endormie, PIBROCK, puis JACOBSON.

PIBROCK, à lui-même. J'ai aperçu les policemen qui me guettent dans la rue... Encore l'effet des préjugés de mon oncle!... Il ne s'égare pas un porte-monnaie dans Londres, sans que tout de suite on ne m'accuse de l'avoir trouvé... (Regardant dans la chambre, et sans voir Hélène endormie dans le fauteuil.) Personne!.. pas un chat!... Tâchons de filer par ici!... (Il saute dans la chambre.) Mais d'abord, si je garnissais mes poches de quelques légers bibelots, histoire de faire un présent à ma bonne amie... (Il s'avance avec précaution et s'arrête en apercevant Hélène.) Tiens!... une jeune fille!... bah!... elle dort!... (Il regarde autour de lui comme pour chercher ce qu'il pourra prendre, ouvre les tiroirs de la commode.) Ah çà... mais, c'est des malheureux, ici!... et puis... il dîne! faudrait n'avoir pas de cœur!... (S'approchant d'Hélène et la regardant avec intérêt.) Pauvre fille!... comme elle est pâle!... ça ne doit pas avoir à dîner tous les jours... et c'est justement ces jours-là qu'on a le plus faim... (Fouillant à sa poche.) Ma foi, j'ai bien envie de.. (Mettant quelques shillings sur la table et souriant.) C'est drôle... moi qui avais la tentation de... et il se trouve au contraire... Bah! pour

quelques shillings, je n'en mourrai pas!... Vivement, évadons-nous!... (Il se dirige vers la porte du fond.) Oh! du monde!... filons!... (Il regagne précipitamment la fenêtre et grimpe. Mais la porte s'ouvre. Jacobson s'élance, et, au moment où Pibrock va disparaître, il le saisit par une jambe.)

JACOBSON. Ah! brigand!... je t'y prends!

PIBROCK, le reconnaissant. Tiens!... mon oncle!... ça va bien?...

JACOBSON, le tenant toujours par la jambe. Cette fois, scélérat, tu ne nieras pas!...

PIBROCK. Chut!...

JACOBSON, baissant la voix. Chut! pourquoi? J'ai des preuves... tu viens de voler de l'argent!...

PIBROCK. Au contraire, mon oncle, j'en ai remis.

JACOBSON, incrédule. Allons donc!... toi?...

PIBROCK. Voyez plutôt sur la table!...

JACOBSON, allant regarder. C'est ma foi vrai!... de l'argent!...

PIBROCK. Adieu, mon oncle!... (Il disparaît.)

SCÈNE IV

JACOBSON, HÉLÈNE.

JACOBSON, à lui-même. Pour la première fois que je parviens à le pincer! je n'ai pas de chance! C'est égal, c'est bien!... il a du bon, ce garnement-là!...

HÉLÈNE, qui s'est réveillée au bruit, apercevant Jacobson, et avec effroi. Ah!...

JACOBSON. Ne craignez rien... je ne suis pas un voleur... au contraire... c'est moi qui les arrête.

HÉLÈNE. Un policeman!... Mais que faites-vous ici?...

JACOBSON. Je guettais mon neveu... mon filou de neveu... qui a laissé pour vous cet argent.

HÉLÈNE, comptant l'argent, et avec une joie naïve. Huit shillings!... ah! mon Dieu!... dans notre position, mais c'est une fortune!

SCÈNE V

JACOBSON, HÉLÈNE, SARAH.

SARAH, rentrant accablée, à part. Rien!...Toutes mes démarches, toutes mes supplications ont été vaines!...

JACOBSON. Ah bah!... Sarah!...

SARAH, étonnée. M. Jacobson!

HÉLÈNE, joyeuse, en lui montrant l'argent. Ah! mère!... voyez donc!... de l'argent!

SARAH, à Jacobson. Ah! je devine... vous avez appris notre position, et c'est vous...

JACOBSON. Non... ce n'est pas moi... Rendons à Pibrock ce qui appartient à Pibrock.

SARAH. Pibrock?...

JACOBSON. Un chenapan que j'ai élevé... le fils de ma propre sœur... C'est lui, c'est ce gueux-là qui a eu l'idée de cette bonne action. (Se fouillant.) Pourvu encore que le gredin ne m'ait pas chipé mon porte-monnaie!... (Le trouvant.) Non, il me l'a laissé, le brigand!... le voici... Il n'est pas bien garni, mais, c'est égal, prenez toujours... (Il le vide sur la table.)

SARAH, attendrie. Quoi! monsieur Jacobson!... vous auriez la bonté?...

JACOBSON. Vous comprenez que moi, un policeman, je ne peux pas faire moins que mon neveu, un pick-pocket...

SARAH. Brave homme!...

JACOBSON, désignant Hélène. Ah çà! mais, cette jeune miss?...

SARAH. C'est Jane... ma fille... (Avec orgueil.) Comme elle est belle, n'est-ce pas?

JACOBSON. Votre fille?... ah bah!...

SARAH. Oui, elle, que j'ai retrouvée... reprise à celui qui me l'avait volée...

JACOBSON, regardant plus attentivement Hélène. A lord Trevellian?... car, si je ne m'abuse, c'est..

SARAH, vivement. Ah! gardez-moi le secret!... ne me perdez pas!...

JACOBSON. Du moment que je n'ai pas d'ordres... c'est comme si je ne savais rien.

SARAH, lui serrant les mains. Ah! merci, merci!

JACOBSON. Je vous quitte, car je suis de service ce soir.

SARAH. Adieu, monsieur Jacobson... et du silence! de la discrétion!...

HÉLÈNE. Oh! oui, n'est-ce pas, monsieur?...

JACOBSON. Soyez donc tranquilles!... puisqu'on ne se plaint pas, je ne peux rien dire, je n'ai pas de preuves!... (Il sort.)

SCÈNE VI

SARAH, HÉLÈNE, puis MISTRESS MAGGY.

HÉLÈNE. Eh bien! mère, vous voyez... il ne faut jamais

désespérer!... (Allant à la table et comptant gaiment l'argent.) Regardez... regardez comme nous voilà riches !

SARAH, s'approchant aussi de la table. Oui, grâce à cet argent, nous pourrons vivre quelques jours... Pendant ce temps, je trouverai peut-être de l'occupation... de l'ouvrage...

HÉLÈNE. Oh! oui, certainement!... tout ira bien, mère!...

SARAH. Le ciel t'entende !

HÉLÈNE, montrant l'argent. Il nous a déjà entendues... puisque...

SARAH. C'est vrai... puisque nous avons trouvé de bons cœurs...

HÉLÈNE. Je vous disais bien que les mauvais jours passeraient, et que... (La porte s'ouvre brusquement et mistress Maggy paraît.) Mistress Maggy!...

SARAH, à part. Elle!... déjà!...

MISTRESS MAGGY. Eh bien, le délai que vous m'aviez demandé est écoulé... Êtes-vous en mesure de me satisfaire?

SARAH, à part, hésitant. Mon Dieu!... cet argent, c'est le pain, c'est la vie de ma fille!... (Haut et se plaçant devant la table.) Non!...

MISTRESS MAGGY. Non!... en ce cas, vous allez me faire le plaisir de détaler au plus vite.

SARAH, suppliante. De grâce!... un peu de pitié!... de patience!...

MISTRESS MAGGY. De la patience!... j'en ai assez eu comme cela!...

SARAH. J'ai l'espoir d'obtenir du travail dans quelques jours, et...

MISTRESS MAGGY, l'interrompant. Oui, toujours la même chanson!... je ne puis pas éternellement me payer de cette monnaie-là!... Allons, allons, disposez-vous à partir de bonne volonté, sans quoi...

HÉLÈNE, lui donnant l'argent qui est sur la table. Tenez, madame...

MISTRESS MAGGY, étonnée. Comment!... Mais...

HÉLÈNE. Vous êtes payée... sortez!...

MISTRESS MAGGY, comptant l'argent. Quatorze shillings!... sur quinze!... c'est bon!... on attendra pour le reste! Mais, quant à de nouvelles avances, n'y comptez pas!... Bonsoir!... (Elle va pour sortir et s'arrête.) Ah! à propos, tenez, une lettre qu'on vient d'apporter pour vous... (Elle lui donne la lettre.)

SCÈNE VII
SARAH, HÉLÈNE.

HÉLÈNE. Une lettre!...

SARAH, ouvrant la lettre. Ah! qu'as-tu fait?... Donner cet argent, notre seule ressource!...

HÉLÈNE. Il ne nous appartenait pas, mère, puisque nous le devions...

SARAH, avec désespoir. Mais, malheureuse enfant, depuis hier tu n'as pas mangé...

HÉLÈNE, d'une voix faible. Je ferai comme vous, j'attendrai... j'aurai du courage...

SARAH. Ah! mon Dieu!... mais tu pâlis... tu chancelles..

HÉLÈNE, cherchant à se remettre. Ce n'est rien, mère... ce n'est rien... un peu de faiblesse... voilà tout.

SARAH, la tenant dans ses bras. Ah! que faire?... à qui m'adresser?... mon Dieu!... mon Dieu! ayez pitié de nous!... c'est une mère qui vous implore... et Dieu ne peut abandonner une mère qui le prie pour sa fille... (Ses yeux se portent sur la lettre qui a glissé à terre.) Ah! cette lettre... si c'était... oh! lisons... lisons vite... (S'approchant de la fenêtre et lisant avec une surprise et une émotion croissantes.) « Une personne qui a de graves motifs pour ne pas se présenter chez vous, mais qui a appris votre triste position et désire vous venir en aide... »

HÉLÈNE. Quel espoir!

SARAH, s'interrompant. Ah! serait-il vrai! (Reprenant.) «... Vous attendra ce soir à huit heures, au jardin de Crémorne... »

HÉLÈNE. Ce soir! à Crémorne!...

SARAH. Qui donc peut me donner un semblable rendez-vous?... qui donc s'intéresse à notre sort?...

HÉLÈNE, frappée d'une idée. Olivier.

SARAH. Olivier!... oh! oui... tu as raison... ce doit être lui... lui qui t'aime toujours, lui qui veut nous secourir...

HÉLÈNE. Cher Olivier!... oh! ne tardez pas... allez le trouver...

SARAH. Te quitter en ce moment?... te laisser seule?... Eh! que puis-je ici pour toi?... Ce n'est pas des larmes qu'il te faut, c'est du pain!... Bientôt je serai de retour, bientôt je te rapporterai la vie, le bonheur peut-être... (Réfléchissant.) Mais comment entrer à Crémorne avec ces vêtements misérables?... Oh! je chercherai, je trouverai un moyen...

HÉLÈNE. Partez, mère, partez!...

SARAH. Oh! oui, n'hésitons plus... partons!... (Embrassant Hélène.) Patience et courage, ma Jane!... Moi, je cours te sauver!... (Elle s'élance hors de la chambre. Le rideau baisse.)

CINQUIÈME TABLEAU

Le jardin de Crémorne, illuminé au gaz ; tables à droite et à gauche, dans les bosquets. Au fond divers jeux, tels que billard chinois, touple hollandaise, etc., etc.

SCÈNE PREMIÈRE

JACOBSON, PROMENEURS, et PROMENEUSES, GARÇONS, puis PIBROCK et MISS FANNY.

(Aspect animé d'un bal public. Des jeunes gens, des jeunes femmes élégamment mises. Les uns arrêtés devant les jeux, d'autres se promenant ou assis dans les bosquets. Les garçons de l'établissement servent les consommateurs. Jacobson, en uniforme de policeman, veille au bon ordre. On entend au dehors la musique du bal.)

PREMIER GROUPE, s'asseyant à une table. Garçon! du pale-ale!

DEUXIÈME GROUPE, à une autre table. Garçon! du soda!

TROISIÈME GROUPE, de même. Des coupes de champagne, garçon!

LES GARÇONS. Voilà, gentlemen, voilà!...

JACOBSON, à lui-même sur le devant. Ce bruit, cette musique, ces jolis visages... vrai, ça m'émoustille... Ah! si je n'étais pas de service, et en uniforme, je serais capable de... Eh bien, eh bien, monsieur Jacobson! qu'est-ce que c'est que ces idées-là?... vous, un policeman, chargé de veiller au maintien des mœurs, vous iriez?... C'est égal, toutes ces petites femmes, avec leurs toilettes, leurs œillades, ça me... il y a surtout un petit nez retroussé... qui joue au billard chinois... ah! je suis bien fâché d'être en uniforme! (Il remonte vers le billard pour regarder. Entre Pibrock, en toilette ébouriffante de dandy et donnant le bras à miss Fanny.)

PIBROCK. Voyons, ma chère Fanny, ne faites donc pas la mine! nous sommes au bal pour nous amuser.

MISS FANNY. Ah! laissez-moi!... vous m'agacez... je vous déteste...

PIBROCK. Mais pourquoi ça?...

MISS FANNY. Je veux un amoureux qui satisfasse toutes mes fantaisies, tous mes caprices.

PIBROCK. Eh bien! qu'est-ce que je fais?... vous avez voulu venir en cab à Crémorne; j'ai pris un cab. Vous désiriez un bouquet; j'ai pris un bouquet, chez une fleuriste d'Haymarket. Il vous fallait des gants... j'ai pris des gants... tout ce que vous voulez je vous le donne. Ça ne me coûte rien. (Se reprenant.) Je veux dire, rien ne me coûte pour vous plaire.

MISS FANNY, boudant. Ah! oui, joliment!... ah! Pibrock, vous devriez avoir plus d'égards!...

PIBROCK. Permettez...

MISS FANNY. Moi si nerveuse, si impressionnable... moi qui suis une sensitive... la moindre contrariété... la plus légère attente me donne des vapeurs... et tenez... tenez... il me semble que je vais avoir une crise...

PIBROCK. Allons! bien!

MISS FANNY. Ah! des sels!... un flacon!...

PIBROCK, à part. J'oublie toujours de prendre un flacon... (Haut.) Voyons, âme de ma vie, fleur d'Orient, perle des mers!... Qu'est-ce qui vous manque?... qu'est-ce qu'il vous faut encore?... voulez-vous un grog?

MISS FANNY. Je n'ai pas soif.

PIBROCK. Voulez-vous danser?

MISS FANNY. Je n'ai pas le cœur à la danse.

PIBROCK. Alors, quoi? quoi? quoi?

MISS FANNY. Cessez donc vos cris de canard, qui me crispent! Vous savez bien ce que je désire... il y a assez longtemps que vous vous faites tirer l'oreille.

PIBROCK. Mais enfin?...

MISS FANNY. Eh bien! c'est une montre et une chaine... na!...

PIBROCK, tranquillement. Une montre et une chaine? ça peut se trouver.

MISS FANNY. Mais rien n'est plus simple, il n'y a qu'à aller chez un bijoutier.

PIBROCK. Heu... heu... chez un bijoutier... on risque de se faire attraper.

MISS FANNY. Ah! toujours des défaites!... Enfin! arrangez-vous, mais j'exige... vous entendez, monsieur, j'exige!...

PIBROCK. Vous les aurez... sultane de mon cœur ! vous les aurez !..

MISS FANNY, vivement. Vrai ?... quand cela ?... demain ?...

PIBROCK. Peut-être même ce soir...

MISS FANNY, joyeuse. Ce soir !... en sortant du bal ?...

PIBROCK. Peut-être avant de sortir du bal.

MISS FANNY. Ah ! je devine ! vous les avez dans votre poche ?

PIBROCK. Non, non... ce n'est pas dans la mienne... mais d'un moment à l'autre... (A part, il fait le geste de décrocher une montre.)

MISS FANNY, sautant de joie. Ah ! que vous êtes gentil, mon petit Pibrock !

JACOBSON, revenant. Pibrock !... (S'approchant vivement.) Eh mais, c'est mon coquin de neveu !...

MISS FANNY, étonnée. Son neveu !

PIBROCK. Ah bah ! mon oncle ! Bonjour, mon oncle !...

JACOBSON. Toi ici, avec une...

PIBROCK. Permettez-moi, mon oncle, de vous présenter miss Fanny Baba, une jeune personne de distinction, née de l'écume des flots, comme Vénus sa mère. (Miss Fanny salue.)

JACOBSON, criant. Ah ! il a des maîtresses... à son âge !

PIBROCK. Mais mon oncle, c'est à cause de mon âge que j'en ai !

JACOBSON. Sardanapale !... (A part.) Elle est gentille ! et dire que si je n'étais pas en uniforme, je pourrais aussi...

MISS FANNY, regardant au fond. Ah !... une toupie hollandaise !... voulez-vous que je fasse une partie ?...

PIBROCK. Elle aime la toupie hollandaise ! quel heureux naturel ! Certainement, chère, certainement !... allez gagner quelques bibelots !... (Miss Fanny remonte et va jouer à la toupie.)

JACOBSON, à son neveu. Et comme te voilà mis !... où as-tu pris ces habits-là... polisson ?

PIBROCK. Chez Blakburn, le fameux tailleur de Regent-Street... je choisis toujours les meilleurs faiseurs... je ne me fournis que dans les maisons en vogue...

JACOBSON. Malheureux !... tu les as volés ?

PIBROCK. Ah ! cher oncle... quel vilain mot !... si miss Fanny vous entendait... une fille si scrupuleuse, si honnête !... volés !... fi donc !... je les ai pris à crédit, voilà tout !...

JACOBSON. A crédit ?...

PIBROCK. Eh ! certainement, mon oncle, je paye de mine. (A part.) C'est même à peu près ma seule manière de payer.

JACOBSON, grommelant. Hum !... gredin !... chenapan !... enfin, je ne peux rien dire... je n'ai pas de preuves.

MISS FANNY, accourant au fond. Tiens !... une gigue !...

PIBROCK. Oh ! une gigue !... mon triomphe !... j'en suis !

JACOBSON, à Pibrock. Comment, tu veux ?...

PIBROCK. Parbleu !... au bal !..

JACOBSON. Sois convenable !... je veille sur toi...

PIBROCK. Ne craignez rien !... Place !... place !... (Criant.) Allez la musique !... (Les promeneurs forment le cercle. Gigue dansée par Pibrock et miss Fanny, et qui bientôt devient générale ; après la danse, la foule applaudit.)

JACOBSON, ému et à part. Si ce vaurien-là voulait pourtant, il pourrait vivre de ses jambes, au lieu de travailler de ses mains.

MISS FANNY, s'éventant. Ouf ! que j'ai chaud !...

PIBROCK. Eh bien, venez au buffet ! allons prendre des rafraîchissements !... A votre service, mon oncle, je régale.

JACOBSON. Toi !

PIBROCK, à part. Et c'est lui qui paiera. (Haut et gaiment.) Au buffet !...

MISS FANNY. Au buffet !... (Ils s'éloignent en se donnant le bras.)

JACOBSON, à part, les suivant et regardant son neveu. A-t-il une tournure de gentleman ! Oh ! voilà des habits comme il m'en faudrait ! (Ils sortent par la gauche, les promeneurs s'éloignent de différents côtés. Pendant ce temps-là, on voit entrer Atkins qui semble chercher dans la foule.)

SCÈNE II

ATKINS, à lui-même. Je ne la vois pas encore !... Viendra-t-elle ?... Le billet que je lui ai fait parvenir a dû la décider... Ah ! l hasard me devait une revanche !... depuis un mois qu'elle a disparu avec Hélène, toutes les recherches avaient été vaines... J'avais fouillé tous les quartiers de Londres, sans pouvoir retrouver leurs traces.. lorsque, hier soir, j'ai aperçu Sarah sortant d'un magasin du Strand... Je la suivis dans l'ombre, et je parvins enfin à découvrir leur retraite... Prévenir lord Trevelyan fut ma première pensée... mais la réflexion me suggéra un moyen plus sûr d'arriver à mon but... pour cela, il importait d'éloigner Sarah de sa demeure. (Regardant sa montre.) Bientôt huit heures, elle ne peut tarder... (Il appelle un garçon qui passe en ce moment.) Garçon ! une bouteille de pale-ale ! (Le garçon s'éloigne ; Atkins s'assied à une table sous le bosquet de droite.) Ne nous montrons pas... et observons !... (Le garçon revient avec un plateau qu'il place sur la table. Atkins se verse et allume un cigare.)

SCÈNE III

ATKINS sous le bosquet, PIBROCK, puis JACOBSON, et ensuite MISS FANNY.

PIBROCK, entrant précipitamment par le fond à gauche, à part. Quelle venette !... le tailleur de Regent-Street que je viens d'apercevoir dans le bal.

ATKINS, à part. Pibrock !...

PIBROCK. Je dansais avec miss Fanny, lorsque, en faisant le cavalier seul, je vois deux gros yeux qui me poignardaient... Maudit homme !.. il aura reconnu ses habits !...

ATKINS, riant à part. Ah ! ah ! quelque mauvaise affaire !...

PIBROCK. S'il allait me faire arrêter ?... Je crois qu'il serait prudent de filer au plus vite... Et pourtant je ne puis abandonner ma bonne amie...

ATKINS, apercevant des dames qui passent au fond, se levant. Ah ! (Il court et disparaît à la suite des dames.)

PIBROCK, avec effroi. Dieu !... qui vient là ?... (Se rassurant.) Ah ! ce n'est que mon oncle !... (La musique cesse.)

JACOBSON, entrant d'un air pensif. Décidément, ce petit nez a la Roxelane ne me sort pas de la tête. (Haut.) Tiens !... c'est toi, Pibrock !... que fais-tu donc seul, à l'écart ?...

PIBROCK. Moi, mon oncle, je prenais le frais...

JACOBSON, lui sautant au collet. Tu prenais ?..

PIBROCK, s'expliquant. Le frais, mon oncle, le frais.

JACOBSON, le lâchant et à part. Il faut toujours qu'il prenne quelque chose. (Haut.) Ah ! tu es bien heureux d'avoir de beaux habits !

PIBROCK, à part. Oui, merci ! parlons-en !

JACOBSON. Ça tire l'œil... ça plaît aux dames...

PIBROCK, étonné. Comment ?

JACOBSON. Ce satané uniforme paralyse tous mes moyens.

PIBROCK. Ah ! bah ! vous voudriez ?...

JACOBSON, gravement. Je n'ai pas à m'expliquer là-dessus... mais c'est égal, je voudrais bien être en bourgeois.

PIBROCK, à part. Oh ! une idée !... (Haut.) Eh bien ! dites donc, mon oncle, ça peut s'arranger.

JACOBSON. Comment ça ?..

PIBROCK. Je suis bon enfant, moi... et, pour vous rendre service, je consens à vous prêter mes habits.

JACOBSON. Mais toi ?

PIBROCK. Moi, je prendrai les vôtres...

JACOBSON, à part. Diable ! (Musique de danse au fond.) Après ça cette petite est si agaçante...

PIBROCK. Il y a un vestiaire dans l'établissement ; venez, mon oncle !...

MISS FANNY, entrant. Eh bien, c'est gentil !...c'est galant !... me planter là, au milieu d'une figure !...

PIBROCK, à part, contrarié. Fanny ! (Atkins reparaît.)

MISS FANNY. Ah ça ! et cette montre, cette chaîne ? je ne vois rien venir.

PIBROCK. Plus tard... nous en recauserons. (A Jacobson.) Partons !

MISS FANNY. Comment !... vous me laissez encore ?...

PIBROCK. Attendez-moi !... nous allons revenir !

MISS FANNY. Mais...

PIBROCK, à Jacobson. Vite !... vite !... éloignons-nous. (A part.) Je suis sauvé ! (Ils disparaissent vivement à droite.)

MISS FANNY, à part. Eh bien, où va-t-il donc ?... Me quitter... quand il m'a promis des bijoux !... (Appelant.) Pibrock !... monsieur Pibrock' (Elle disparaît par la droite.)

ATKINS, seul. Ce n'était pas elle.. Ah ! je suis d'une impatience ! (Il se rassied sous le bosquet.)

SCÈNE IV

ATKINS sous le bosquet. SARAH, mise et coiffée avec élégance. Elle est pâle et émue. Elle s'avance avec agitation, en jetant autour d'elle des regards effarés.

SARAH, à elle-même. M'y voici !... une marchande de Piccadilly, que je connaissais autrefois, a consenti à me prêter pour une heure cette toilette.. et je me suis hâtée de venir.

ATKINS, à part, l'apercevant. C'est elle !.. enfin !... (On entend en dehors le bruit éclatant de l'orchestre et les rires joyeux des danseurs.)

SARAH, à elle-même. Ah ! ce bruit... cette gaîté me font mal !... Il me tarde d'être de retour près de ma pauvre Jane... de lui porter ce secours qu'on m'a promis... Allons, ne restons pas ici... Cherchons notre sauveur.. rapprochons nous de la foule. (Elle va pour sortir par la gauche et s'arrête en voyant paraître Olivier.) Ah ! c'est lui !...

SCÈNE V

OLIVIER, SARAH, ATKINS dans le bosquet.

SARAH, courant à Olivier, très-émue. C'est vous enfin, sir Olivier !

ATKINS, à part. Mon rival !

OLIVIER, à Sarah avec étonnement. Vous me connaissez ?...

SARAH. Sans doute, je vous attendais...ne m'avez-vous pas écrit de me trouver ici?...

OLIVIER Moi ?... nullement...

SARAH. Qu'importe!... c'est Dieu qui vous envoie!

OLIVIER. Pardon ! mais je ne me rappelle pas...

SARAH. Je suis cette femme dont, il y a un mois, vous avez pris la défense...

OLIVIER. Ah!... oui... je vous reconnais à présent, à la taverne de Scott?... Vous à Crémorne!... dans cette brillante toilette ?

SARAH. Ah! il ne s'agit pas de moi, mais d'elle...

OLIVIER, tressaillant. D'elle!...

ATKINS, à part. Maudite rencontre!...

SARAH. Oui, d'elle. . de lady Hélène!...

OLIVIER. Ah! ne prononcez pas ce nom, ne me rappelez pas le souvenir d'une trahison dont j'ai failli mourir, et que je cherche à oublier dans le plaisir et le bruit!...

SARAH. Vous l'accusez!... quand la pauvre enfant a tout sacrifié pour vous!...

OLIVIER. Comment?...

SARAH. Pour vous garder son amour, pour vous rester fidèle, elle a quitté la maison de lord Trevellian.

OLIVIER, avec joie. Que dites-vous?... elle est libre encore?

SARAH Oui, elle est libre... Elle s'est enfuie pour échapper à un odieux mariage... Et depuis ce temps, elle se cache avec moi... sa compagne...la confidente de ses peines...dans un misérable réduit de Charing-Cross, où elle supporte toutes les horreurs du dénûment et de la faim!

OLIVIER. Ah! malheureux!... et je la maudissais! Ah! venez! venez! conduisez-moi vers elle...

ATKINS, à part, se levant. Il ne faut pas qu'il la revoie...

SARAH, entraînant Olivier. Oui, oui, venez, partons!... (Elle va pour sortir avec lui et se trouve en face d'Atkins qui leur ferme le passage. Avec effroi.) Atkins!...

ATKINS, froidement. Pardon, monsieur... vous ne pouvez emmener madame, car elle a promis de partir avec moi!..

OLIVIER, très-surpris. Comment?...

SARAH, avec véhémence. C'est faux!... ne le croyez pas!... Il ment, entendez-vous!... il ment!... Cet homme est votre rival.

OLIVIER. Mon rival, lui!... (A Atkins.) Allons, monsieur, livrez-nous passage.

ATKINS, avec force. Vous ne partirez pas avec elle!...

OLIVIER, perdant patience. Ah! c'est trop d'impudence!... (Il le repousse.)

ATKINS. Une injure!... insolent!... (Il lève son stick.)

OLIVIER, lui saisissant le bras. Misérable! vous me rendrez raison de cette insulte!

SARAH, éperdue. Un duel!...

ATKINS, à Olivier. Soit! quand vous voudrez!...

OLIVIER. Ce soir!... à l'instant!... derrière les murs de ce jardin.

ATKINS Non pas, s'il vous plaît! il y a des lois contre le duel, et je ne me soucie pas d'avoir des affaires avec les constables... Choisissons un endroit où nous puissions dépister l'œil de la police.

OLIVIER, très-agité. Lequel?... finissons!...

ATKINS. Dans une heure, trouvez-vous dans les caves de Saint-Giles.

OLIVIER, étonné. A Saint-Giles! le lieu est singulièrement choisi. Enfin, soit! j'y serai!

ATKINS. C'est bien, je vais vous y attendre. (A part.) Ne les perdons pas de vue! (Il sort par la gauche.)

SCÈNE VI

OLIVIER, SARAH.

SARAH. A Saint-Giles!... dans ce quartier de voleurs, d'assassins!... Mais c'est un piège qu'il vous tend! (Voyant qu'Olivier tout à son émotion, à sa colère, n'a pas l'air d'entendre.) Ah! mon Dieu!... il ne m'écoute pas! (A Olivier.) Mais vous ne savez pas de quoi ce misérable est capable!... vous ne savez pas...

OLIVIER, l'interrompant, avec force. Je sais... je sais qu'il est mon rival, qu'il m'a insulté... et qu'il faut que je le tue! (Donnant sa bourse à Sarah.) Tenez, prenez cet argent... Allez secourir miss Hélène, dites-lui que je l'aime, que je n'ai

jamais aimé qu'elle... Ce soir, si le ciel me protège, ce soir même, j'irai vous rejoindre.

SARAH, cherchant à le retenir. Mais écoutez-moi!...

OLIVIER. Non! non! j'ai mon amour, mon honneur à venger... Adieu!... adieu!... (Il s'éloigne vivement par le fond, à droite.)

SCÈNE VII

SARAH, puis JACOBSON, ensuite ATKINS.

SARAH, seule. Ah! ils le tueront! oui... oui... Je devine les projets de cet infâme Atkins... Ce rendez-vous dans un pareil lieu...à Saint-Giles!... c'est un guet-apens... il veut se débarrasser d'un rival'... et je ne m'opposerais pas à un pareil complot?... Je laisserais égorger celui qu'aime ma fille?... Non!... non!... Jane en mourrait!... et je dois .. (S'arrêtant.) Mais elle... elle qui m'attend... de qui chaque minute augmente les angoisses... Ah! que faire?... que résoudre?...

JACOBSON, vêtu des habits de Pibrock, entrant par la droite, et à part, en se pavanant. Ah! me voilà éblouissant, et maintenant...

SARAH, le reconnaissant et courant à lui. Monsieur Jacobson!

JACOBSON, très-surpris. Sarah...ah! bah!... vous ici...et dans ce costume?...

SARAH. Je n'ai le temps de vous rien expliquer... mais vous pouvez me rendre un grand service.

JACOBSON. Un service?... lequel?... (Atkins revient, se glisse derrière un bosquet et écoute.)

SARAH, à Jacobson. Prenez cette bourse, et rendez-vous sans perdre un instant à Charing-Cross, chez mistress Maggy...

ATKINS, à part. Comment l'en empêcher?

JACOBSON, hésitant. A Charing-Cross!.. diable! c'est que...

SARAH, suppliante. Ah! ne me refusez pas!... Cet argent est pour ma fille... qui souffre... qui a faim...

JACOBSON. Miséricorde!...

SARAH. Il y va pour elle du salut, de la vie!

JACOBSON, ému. C'est bien!... c'est bien!... j'y cours, comptez sur moi!

SARAH. Ah! merci!... allez! allez vite!... (A part.) Et moi veillons sur Olivier!... (Elle sort.)

SCÈNE VIII

ATKINS caché, JACOBSON, puis BLACKBURN, LE TAILLEUR, LA FOULE, LES GARÇONS, MISS FANNY, et ensuite PIBROCK.

JACOBSON, à part. A Charing-Cross!... moi qui rêvais déjà la plus charmante conquête. Enfin, j'ai promis... il n'y a pas à hésiter... partons... résignons-nous... (Il va pour s'éloigner, mais en ce moment le tailleur accourt, assisté des garçons de l'établissement et suivi de miss Fanny et de la foule du bal.)

BLACKBURN, apercevant et désignant Jacobson. Le voilà... c'est lui! c'est mon voleur!...

JACOBSON, regardant de tous côtés. Hein?... où ça?... où ça... un voleur?...

BLACKBURN, le saisissant au collet. Toi, brigand !

JACOBSON, ahuri. Moi?...

MISS FANNY, très-surprise. M. Jacobson ?

BLACKBURN. Tu oses nier, quand tu as encore mes habits sur le dos.

MISS FANNY, à part. Ses habits !

TOUS. Ses habits ! ..

JACOBSON, à part. Où me suis-je fourré?

PIBROCK, en policeman, s'approchant. Arrêtez cet homme !

TOUS. Un policeman !

MISS FANNY, à part, le reconnaissant. Pibrock!... je comprends!...

JACOBSON. Ah! scélérat me... faire arrêter!...

PIBROCK, l'imitant. Ah! dame! mon cher oncle, il y a des preuves...

JACOBSON, suffoquant. Des preuves!... ah! gueusard... mais c'est toi qui...

PIBROCK. Au poste!

JACOBSON, se débattant. Permettez...

BLACKBURN. Marchons!

PIBROCK et les GARÇONS. Au poste !... au poste !...

ATKINS, à part. Et moi, à Charing-Cross! (Il sort vivement par le fond, à droite; on entraîne Jacobson malgré ses protestations. Pibrock et miss Fanny rient à part du tour joué à Jacobson. Un signal de danse se fait entendre; on se met en place et la toile tombe sur ce tableau.)

ACTE QUATRIÈME

SIXIÈME TABLEAU

Un caveau de Saint-Giles, auquel on descend par quelques marches délabrées. — Fenêtres en forme de soupirail donnant sur la rue.

SCÈNE PREMIÈRE

MATHEWS, JONATHAN, Mendiants, Pick-pockets, puis PIBROCK.

Au lever du rideau, des mendiants, des pick pockets, des femmes en haillons sont assemblés dans le caveau, les uns étendus à terre, les autres jouant et buvant. Une lampe fumeuse accrochée au plafond et quelques chandelles placées dans des chandeliers de fer répandent une lumière incertaine. Mathews, l'hôte de ce bouge, homme à figure sinistre, va et vient pour servir.

TOUS LES HOMMES, chantant à tue-tête.
Au fond des caveaux de Saint-Giles
Bons pick-pockets, adroits filous,
Voleurs agiles,
Buvons le gin, amusons-nous!
Au fond des caveaux de Saint-Giles!...

TOUS, criant. A boire! du gin!...

PIBROCK, paraissant. Bonsoir, tas de gredins! (Grognement général.) Hein? Quoi donc?... Les chauves-souris de Saint-Giles font des manières!... ça joue au milord!... Allez donc, hiboux sans plumes! (Murmures.) Ah! cré potence de sort, va! (Il jette sa pipe.)

JONATHAN. Sur quelle herbe as-tu marché, toi?

PIBROCK. Qu'est-ce que ça te fait?... (Murmures.) Oui, qu'est-ce que ça vous fait?... Dites donc, jolies canailles... (Nouveau grognement.) Oh! ne grognez pas... j'ai mes nerfs... et je cogne... Personne de vous ne peut me céder une montre et une chaîne? (Rires.)

JONATHAN. Pour quoi faire?

PIBROCK. C'est pour ma bonne amie, une blonde enfant qui aime à passer ses ongles roses dans ma chevelure, et qui a mis le feu à mon cœur.

JONATHAN, riant. Ah! Pibrock est amoureux!

TOUS, riant. Ah! ah! ah!

PIBROCK. Amoureux! Et puis après? les renards le sont bien... Pourquoi donc que je ne le serais pas? C'est-y parce que je n'ai que deux pattes?... Une montre et une chaîne à donner! Et je n'ai pas un shilling! ah! il y a des moments où l'on vendrait sa peau au diable pour six pences!

UN PICK-POCKET. Qu'est-ce que c'est donc que le bruit qu'on entend là-dessous?

PIBROCK. Tu ne sais pas ça? tu sors donc de la lune, toi?...

JONATHAN. Il vient d'Amérique.

PIBROCK. Ce bruit que tu entends, frère, c'est la Tamise qui monte. Tiens! regarde! (Il fait jouer un ressort caché dans la muraille. Une grande trappe s'ouvre au milieu du théâtre.)

LE PICK-POCKET. La Tamise passe sous cette cave?

PIBROCK. Eh non! imbécile!... mais à la marée haute, elle reflue dans le grand égout, entraînant tout ce qu'elle rencontre, et si quelque chasseur d'égout s'y trouve dans le moment... (Il fait un geste.) fffeu!... Il faut qu'il soit bon nageur!

JONATHAN. Enfin, quand les constables nous chiffonnent, voilà le refuge, camarade; quand le canal est à sec, on se laisse glisser...

PIBROCK. Et, quand il est plein, on pique sa tête, au petit bonheur... A ton service, camarade! (Il le pousse; le pick-pocket recule avec effroi.) Il n'en veut pas? fermons la boîte! (Il appuie sur le ressort, la trappe se referme.)

JONATHAN. Dites donc les amis, l'Américain paye sa bienvenue.

TOUS. Hourrah!

PIBROCK. S'il paye du gin, moi je paye la musique! Et en avant la romance! c'est moi qui roucoule.

TOUS. Oui... oui...

PIBROCK. La chanson des pick-pockets... Rien que ça, les amis!

I

Musique nouvelle de M. Artus.

Regardez... le gaz étincelle
Dans Hay-Market;
Déjà s'envole à tire d'aile
Le pick-pocket.

Car c'est son règne qui commence!...
Quand vient minuit,
Le bec tendu, glisse et s'élance
L'oiseau de nuit!
(Imitant le bruit des ailes.)
Froutt!...
Et voilà mes amis ·
V'la l' réveil des chauv's souris!
TOUS, en chœur.
L'oiseau de nuit
Froutt!...
PIBROCK.
Vole sans bruit,
Quand vient minuit,
TOUS.
Et voilà, mes amis,
V'la l' réveil des chauv's souris!

PIBROCK.

II

Tout en faisant d' l'œil à la bourse
Du bon bourgeois,
La chauve-souris, dans sa course,
Trouve parfois
Quelque flâneuse tourterelle
Au bec mutin;
L'oiseau comm' la biche est fidèle
Jusqu'au matin.
Froutt!
Et voilà, mes amis,
V'là les amours des chauv's souris!
TOUS.
Jusqu'au matin
Froutt!
PIBROCK.
Gentil lutin,
Joyeux festin.
TOUS.
Et voilà, mes amis,
V'là les amours des chauv's souris!

PIBROCK.

III

Par malheur, y a quelque anicroche
Par-ci par-là;
Tôt ou tard, la main dans la poche,
On nous pinc'ra;
Dans un endroit désagréable
On nous log'ra,
Et d'vant un' foule considérable,
Crick!
On nous pendra!
Pfutt!
(Faisant le signe d'être pendu.)
Et voilà, mes amis,
Comment finiss'nt les chauv' souris!
TOUS.
On nous pincera!
PIBROCK.
On nous jugera!
On nous pendra!
Pfutt!
TOUS.
Et voilà, mes amis,
Comment finissent les chauv's souris!...

SCÈNE II

LES MÊMES, SARAH.

SARAH paraît en haut de l'escalier, vêtue en femme du peuple, portant des cheveux rouges ébouriffés. Elle descend en feignant de chanceler. Eh! les rossignols de Saint-Giles! eh! les amis! j'ai soif.

PIBROCK. Qu'est-ce que c'est que celle-là?

JONATHAN, riant. C'est la maîtresse de Pibrock.

PIBROCK. Ma biche anglaise?... merci! J'aime pas les ivrognesses, moi... il me faut des femmes du monde... Passez-moi une pipe! (Il prend la pipe d'un pick-pocket et se met à la fumer.)

SARAH, à part. Il n'est pas là!

JONATHAN, à Sarah. Voyons, qui es-tu, toi?

SARAH. Je te dis que j'ai soif.

PIBROCK. Soif!... Elle a pourtant pris un à-compte... les femmes ne sont jamais contentes!

SARAH, à part, regardant rapidement autour d'elle. Où est le danger?... comment le deviner?

PIBROCK. Qu'est-ce que tu marmottes là, toi?...

SARAH. Moi? je marmotte? je dis rien du tout.

JONATHAN, à Sarah. Ton nom?

PIBROCK. C'est vrai... On n'entre pas comme ça dans les maisons honnêtes... faut être présenté pour être reçu dans un cercle. Ton nom?

SARAH. Mon nom?

TOUS. Oui, oui !

SARAH. Eh bien ! Je suis Paddy, quoi !...

TOUS. Paddy !...

SARAH. La mendiante du pont de Londres... la femme de William Burch... William Burch, le pendu.

TOUS. Le pendu !

SARAH. Oui... ils ont pendu mon homme ! (Éclatant de rire.) Ah ! je suis allée voir ça, moi ! Ils lui ont mis le bonnet, et puis... il tournait, il tournait... (Faisant claquer ses doigts.) Et puis, hé ! hé ! hé ! plus de William !... De son vivant, il me disait toujours : « Hé Paddy ! Paddy ! ma femme, quand je ne serai plus de ce monde, faudra boire à ma santé. »

PIBROCK, attendri. Pauvre homme ! Il vous aimait, madame ! (Rires.)

SARAH. Depuis ce jour-là, les enfants m'appellent l'ivrognesse et me jettent des pierres... quand je passe.

TOUS. Ah !

SARAH. Mais moi, j'obéis, j'obéis toujours ! (Reprenant son rire.) Ah ! ah ! ah ! allons ! camarades... un verre tout plein pour Paddy la mendiante.

PIBROCK. Elle est très-gaie !... (Rires.)

JONATHAN, lui verse à boire. Tiens ! bois !

SARAH. A la santé de William Burch ! à la santé du pendu !

TOUS. A la santé du pendu !

SARAH, à part, jetant son verre. Ah ! la force me manquait !... (Sarah tombe sur un tas de paille dans un coin et reste immobile, feignant de dormir.)

JONATHAN, riant. Bon ! Elle a son compte, l'ivrognesse !

PIBROCK. Soufflez la chandelle, madame est couchée ! (Atkins paraît en haut de l'escalier.)

SARAH, le voyant entrer, et à part. Atkins !

SCÈNE III

LES MÊMES, ATKINS.

ATKINS, à Mathews. Tu m'as entendu, veille sur la personne que j'ai amenée... et, si elle se réveille, viens m'avertir.

MATHEWS. Suffit, mon maître ! (Il sort.)

ATKINS, descendant l'escalier. Bonsoir, camarades !

TOUS. Monsieur Atkins !

ATKINS. J'aurai peut-être besoin de votre aide et de votre dévoûment... Puis-je toujours y compter ?

TOUS. Oui, oui.

ATKINS. J'attends ici un rival qui me gêne.

PIBROCK. Faut il boxer ?

ATKINS. Non ! il faut qu'il meure !

PIBROCK. Ah ! pardon ! si c'est d'assassinat qu'il retourne... la partie ne va pas !... je passe la main, bonsoir !

ATKINS, lui prenant l'oreille. Et qui vous parle d'assassiner les gens, maître Pibrock ? Pour qui me prenez vous ?... pour un gentilhomme de grands chemins ? Des poignards, des couteaux ! ah ! fi ! pouah !... je tuerai ce jeune homme moi-même, loyalement, en duel.

SARAH, à part. Un duel !

ATKINS. Il lui a donné rendez-vous à neuf heures, à l'entrée du quartier Saint-Giles. Un ami à moi l'attend pour le conduire ici. (Tirant sa montre.) Hé ! parbleu ! j'arrive à temps !

PIBROCK, à part, avec un soupir. Hé ! il a une montre et une chaine, lui ! (On entend un coup de dehors.)

ATKINS. C'est notre homme que l'on m'annonce... Retirez-vous ! Vos toilettes pourraient lui inspirer de la défiance. Tenez, voici pour boire, en attendant que je vous appelle.

TOUS. Vive M. Atkins !

ATKINS, écoutant. C'est lui ! laissez-moi tous ! laissez-moi ! (Les voleurs entrent à gauche, Olivier paraît au fond sur l'escalier.)

PIBROCK, qui allait sortir, s'arrêtant et à part. Ah bah ! mon boxeur de la taverne de Scott ! (Il se cache derrière un pilier.)

SCÈNE IV

ATKINS, PIBROCK, SARAH, puis OLIVIER.

ATKINS, à lui-même. Allons ! la partie est engagée. Il s'agit de la gagner maintenant !

OLIVIER, qui a descendu l'escalier, s'avançant. Me voici !

ATKINS. Je vous attendais, monsieur... et je vous remercie de votre exactitude.

OLIVIER, d'un ton fiévreux. Ah ! aujourd'hui moins que jamais, je n'y eusse manqué ; car vous êtes mon rival... C'est vous qui vous êtes jeté à travers mes projets de bonheur. Tous les maux qu'a supportés lady Hélène, c'est à vous qu'elle les doit... Et cette pensée excite ma colère... Et j'ai hâte de vous tuer !

ATKINS. Ma foi ! moi aussi, monsieur.

OLIVIER. Eh bien ! finissons-en tout de suite !

ATKINS. Soit !

OLIVIER, montrant des épées qu'il a apportées. Voici des armes. Vous conviennent-elles ?

ATKINS. Parfaitement. (Il prend une des épées. Chacun d'eux ôte son habit.)

PIBROCK, à part, regardant Olivier. Et lui aussi, il a une montre et une chaîne !

OLIVIER, revenant. Et défendez-vous bien... car je vous préviens que c'est un duel à mort...

ATKINS. C'est bien ainsi que je l'entends. En garde, monsieur !

OLIVIER. En garde !

PIBROCK, à part. Brave jeune homme ! pourvu qu'il ne lui arrive rien !

SARAH, à part. Si c'est un duel loyal, Olivier le tuera ! (Atkins et Olivier tombent en garde. Sarah lève la tête et suit avidement les chances du combat. Atkins, vivement pressé par l'épée de son adversaire, décrit un cercle en rompant, de manière à attirer Olivier vers un point de la salle.)

ATKINS. Pardieu ! vous tirez bien, mon officier.

OLIVIER. Votre épée tremble dans votre main. Est-ce que vous seriez un lâche ?

ATKINS. Un lâche !... Ah ! vous n'êtes pas poli !

OLIVIER, le pressant vivement. Ah ! cette fois, vous ne pourrez plus rompre.

ATKINS, froidement. C'est vrai ! (Il se trouve adossé au mur. Alors, de la main gauche, après avoir cherché, il presse le ressort. Aussitôt le sol manque sous les pieds d'Olivier qui disparaît dans la trappe.)

SARAH, se levant et poussant un cri. Ah !

PIBROCK, effaré. Ah ! la chaine et la montre !.. (Il jette vivement son habit et s'élance dans le gouffre. La trappe se referme sur les deux hommes.)

ATKINS, à part, remettant son habit, et sans avoir rien vu. Il est perdu !

SCÈNE V

SARAH, ATKINS.

SARAH, s'avançant terrible et menaçante vers Atkins. Misérable !

ATKINS, stupéfait. Sarah !...

SARAH. Oui, Sarah... qui a tout vu, tout compris... et qui, si elle n'a pu sauver ta victime, saura du moins la venger.

ATKINS. Toi ?

SARAH. Je soupçonnais un guet-apens, et avant d'entrer ici, j'ai prévenu les policemen... Ils n'attendent qu'un signal pour accourir, pour s'emparer de toi... Et ce signal...

ATKINS, froidement. Ce signal, donne-le donc !... mais avant que la police ne soit ici, ta fille sera morte...

SARAH. Ma fille !

ATKINS. Insensée, qui viens te jeter sur ma route ! Tremble ! car je te briserai pour arriver à mon but.

SARAH, éperdue. Ma fille, ma fille, as-tu dit ?

ATKINS. Elle est ici, dans un de ces caveaux, sous la garde d'un homme qui m'est dévoué... Et si tu jettes un cri, si tu dis un mot pour me perdre, elle meurt.

SARAH. Ma fille ! Oh ! non ! non... j'ai mal entendu ! Tu as raison, je suis folle ! Jane, en ton pouvoir !...

ATKINS. Oui, je l'ai entendue à Crémorne, lorsque tu chargeais l'honnête Jacobson de se rendre auprès d'elle. Jacobson n'a pu s'acquitter de sa mission, et c'est moi qui suis allé à Charing Cross.

SARAH. Ah ! mon Dieu !

ATKINS. Là ! je suis monté à la chambre d'Hélène... La serrure fermait à peine... Ta fille, épuisée par le besoin, la fatigue, était assoupie. En lui faisant respirer ce flacon, j'ai rendu son sommeil plus complet.

SARAH, se tordant les mains. Mon Dieu ! mon Dieu !

ATKINS. Alors je l'ai portée jusqu'à une voiture qui m'attendait en bas, et qui l'a conduite ici.

SARAH. Ici !... Elle est ici !

ATKINS. Et elle n'en sortira qu'après avoir consenti à être ma femme ! Et maintenant appelle ! Donne le signal qui doit me livrer... donne-le, si tu l'oses !...

SARAH. Tu mens ! oh ! oui, tu mens ! Tout ceci est un piége, une ruse inventée par toi pour te soustraire à ma vengeance... Non ! Jane n'est pas ici... non, Dieu ne l'aurait pas permis, Dieu ne te l'aurait pas livrée... Tu as voulu m'effrayer, te faire une arme de mes terreurs de mère ! Mais je ne suis pas ta dupe et je vais... (Elle remonte la scène.)

HÉLÈNE, en dehors. A moi ! au secours ! à moi !...

SARAH, haletante. Elle ! c'est elle !

SCÈNE VI

LES MÊMES, HÉLÈNE, MATHEWS puis les PICK-POCKETS.

HÉLÈNE, à moitié folle, s'élançant dans le caveau et repoussant Mathews qui cherche à la retenir. Laissez-moi! laissez-moi!

SARAH, la recevant dans ses bras. Jane! mon enfant!

HÉLÈNE. Ah! ma mère! ma mère!...

ATKINS, froidement. Eh bien! Sarah, me croiras-tu, maintenant?

SARAH, serrant sa fille dans ses bras. Rassure-toi, ma chérie... ne tremble pas ainsi... Je te défendrai! va... Je te défendrai!...

HÉLÈNE, avec égarement. Ma mère! comment suis-je ici? quel est ce lieu où l'on m'a conduite? ce sombre caveau, ces hommes dont les regards me glaçaient le cœur? Oh! vous me sauverez! Vous me sauverez, n'est-ce pas, ma mère?...

SARAH. Oh! oui... va! je te sauverai! n'aie pas peur... viens!... viens!... (Elle cherche à l'entraîner.)

ATKINS, d'une voix forte. A moi, camarades! à moi! (Tous les voleurs, tous les mendiants se précipitent pêle-mêle dans le caveau. Hélène pousse un cri.) Emparez-vous de ces deux femmes! (Les hommes font un mouvement.)

SARAH, faisant à Hélène un rempart de son corps et les menaçant d'un revolver qu'elle tire de sa poche. Place, misérables! place! (Tous reculent.)

ATKINS. Oh! (Déjà Sarah et Hélène ont gravi les marches du caveau. Tout à coup, lord Trevellian paraît, suivi par un constable et par des policemen au nombre desquels est Jacobson.)

SCÈNE VII

LES MÊMES, TREVELLIAN, JACOBSON, UN CONSTABLE, POLICEMEN.

TREVELLIAN. Au nom de la loi, que personne ne sorte! (Lord Trevellian s'approche.)

SARAH. Lord Trevellian!

HÉLÈNE. Lui!

ATKINS, avec joie, à part. Enfin!...

TREVELLIAN, étendant le bras vers Hélène. Oui, lord Trevellian qui vient chercher sa fille...

SARAH. Votre fille!... Elle!... mais c'est...

TREVELLIAN. Lady Hélène Trevellian, que vous avez enlevée. Sarah Waters.

JACOBSON, avec embarras. Un crime prévu par la loi... et comme il y a flagrant délit, je suis forcé de... (Il s'avance vers elle comme pour l'arrêter.)

HÉLÈNE, le repoussant. Enlevée, avez-vous dit, milord? Non! non! c'est de mon plein gré que je l'ai suivie... car cette femme, c'est ma mère!

SARAH. Vous l'entendez! je suis sa mère!

TREVELLIAN. Monsieur le constable, cette femme en impose.

ATKINS. Oui, j'atteste que voilà bien lady Hélène Trevellian.

SARAH. Toi, misérable! Toi qui n'as pas craint de commettre un crime...

TREVELLIAN, l'interrompant. C'est lui qui m'a prévenu; c'est lui qui, ce soir, m'a donné avis par un billet que je la trouverais ici.

SARAH et HÉLÈNE, avec stupeur. Lui!...

TREVELLIAN. C'est la loi qui me rend lady Hélène. Sarah, oseras-tu résister à la loi?

SARAH, se désespérant. Et je ne puis rien prouver! Rien! (Avec force.) Eh! que me fait la loi? (Entourant Hélène de ses bras.) Non... vous ne me la prendrez pas!... vous ne l'emmènerez pas!... (A Trevellian.) Osez donc répéter, osez donc lui dire, à elle, que je ne suis pas sa mère!...

TREVELLIAN, s'approchant de Sarah et à voix basse. Veux-tu que je lui dise aussi qui tu es?

SARAH. Ah!

TREVELLIAN, de même. Veux-tu que je lui dise que cette mère, qu'elle respecte, qu'elle honore, a subi une condamnation infamante?

SARAH, bas. Taisez-vous!

TREVELLIAN, continuant. Qu'elle a passé quinze ans au pénitencier de Botany-Bay? Dis... le veux-tu, Sarah?

SARAH, courant la tête. Oh! taisez-vous!.. par pitié! taisez-vous! Tout... oui, tout, plutôt que son mépris!

TREVELLIAN, élevant la voix. Eh bien! confesse donc ton imposture... Avoue donc que tu l'as audacieusement trompée!...

SARAH, à part, dans les larmes. Ah! mon Dieu!... La perdre! la perdre encore!...

TREVELLIAN. Mais parle! parle donc!

SARAH, avec effort. Eh bien! oui... je l'avoue. (Mouvement général.)

ATKINS, avec joie. Ah!

HÉLÈNE, à Sarah. Que dites-vous?

SARAH. Je dis... je dis que j'ai menti... que je vous ai trompée... non, je ne suis point ta... votre mère... Pardonnez-moi, lady Hélène... pardon! pardon!... (Elle tombe à genoux, les mains jointes, devant sa fille.)

HÉLÈNE, très-émue. Mais pourquoi m'avoir abusée?... Pourquoi cette tendresse, ce dévoûment dont elle m'a donné tant de preuves?... Si elle n'est pas ma mère, pourquoi donc pleure-t-elle?...

JACOBSON, à lord Trevellian. Qu'ordonnez-vous, milord?

TREVELLIAN, après un silence. Laissez cette femme! son aveu me suffit!... Venez. Hélène, partons!...

HÉLÈNE, suppliante. Milord!...

TREVELLIAN. Venez! je le veux!... (A Atkins.) A demain, sir Lionel, au château de Trevellian!

ATKINS, s'inclinant. J'y serai, milord.

SARAH, bas à Atkins, d'un ton menaçant. Oh! tu m'y trouveras, Atkins!

ATKINS, à part. Elle n'y arrivera pas!

HÉLÈNE, qui, pendant ce temps, a paru implorer son père, s'approchant de Sarah. Vous m'avez été dévouée... vous m'avez protégée et secourue... Qui que vous soyez, je vous bénis!... et je vous aime!... (Elle lui tend la main.)

SARAH, la couvrant de baisers et à part, toujours à genoux. Ah! ils n'emportent pas tout... il me reste son cœur! (Mouvement de sortie. Hélène jette un dernier regard sur Sarah. Le rideau baisse.)

SEPTIÈME TABLEAU

Une forêt.

Commencement d'orage; les éclairs se succèdent faiblement d'abord, puis plus rapides, le tonnerre gronde.

SCÈNE PREMIÈRE

UN CONDUCTEUR, CINQ VOYAGEURS, SARAH.

(Au lever du rideau, la scène est vide. — On entend au loin les grelots d'un cheval et le roulement d'une voiture. Le bruit se rapproche et la voiture paraît; le conducteur arrête son cheval, jette les guides, descend et ouvre la portière aux voyageurs.)

LE CONDUCTEUR, aux voyageurs. Vous pouvez descendre... nous sommes arrivés. (A Sarah.) Descendez donc, madame!... (Cinq voyageurs, au nombre desquels est Sarah, descendent de la voiture. Sarah descend la dernière.)

SARAH, regardant autour d'elle. Arrivés, dites-vous?... mais... où sommes-nous donc?...

LE CONDUCTEUR. Dans la forêt d'Epping, au carrefour de l'étang. (Deux voyageurs prennent leurs bagages, les autres allument leurs cigares.)

SARAH. Dans la forêt de?... Mais vous vous trompez, monsieur... je vais à Trevellian; c'est là que vous devez me conduire...(Le conducteur attache froidement le cheval à un arbre, sans répondre. Sarah après un silence.) Monsieur... vous ne m'entendez donc pas?... Le temps presse, vous dis-je; et l'orage nous menace... partons!... (Elle met le pied sur le marche-pied de la voiture, et s'arrête, voyant qu'aucun des voyageurs ne l'imite.)

LE CONDUCTEUR, chantant tout en attachant le cheval.
Bûcheron, quitte ta cognée!
Le ciel s'est habillé de noir,
Rentre vite à la maisonnée,
Il va pleuvoir!...

SARAH, s'adressant aux voyageurs. Messieurs, comme moi vous avez pris vos billets à la station de Woodfort, pour le village de Trevellian... et cet homme refuse de nous conduire... il refuse, entendez-vous?... De quel droit refuse-t-il?... quel est donc cet homme pour vouloir nous imposer ainsi sa volonté?...

LE CONDUCTEUR, jetant au loin sa barbe, son chapeau et son manteau de laine. C'est moi, Sarah!...

SARAH. Atkins!... toi!... ah! c'était un piège!... mais je ne suis pas seule... Messieurs, cet homme est un misérable, un assassin, je vous le jure! cet homme est mon mortel ennemi... je suis une femme, et je fais appel à votre honneur; défendez-moi, protégez-moi!... vous qui êtes des hommes, ne me laissez pas assassiner!... (Les quatre voyageurs, sans dire un mot, sortent lentement et disparaissent; Sarah courant après eux.) Messieurs!... messieurs!... (S'arrêtant et d'une voix brisée.) Ah! je suis perdue! je suis perdue!...

SCÈNE II
ATKINS, SARAH.

ATKINS. J'ai grisé le père Bob, Sarah! ce digne conducteur dort maintenant sous une table, dans la taverne de Woodfort, et j'ai pris sa place! j'avais eu la précaution de faire retenir sa carriole par des gentlemen de ma connaissance... et maintenant que nous sommes seuls, tête à tête, à l'abri des curieux... causons!

SARAH. Que veux-tu?...

ATKINS. Je te l'ai dit: je veux causer... Ainsi, tu te rends au château de lord Trevellian?...

SARAH. Que t'importe!...

ATKINS. Pour t'opposer à mes projets?

SARAH. Oui... tant que mon cœur battra, tant qu'il me restera un souffle de vie, tant qu'il y aura un Dieu dans le ciel pour protéger les enfants et les mères...

ATKINS. Mais tu n'es pas logique, Sarah; n'as-tu pas renoncé à tous tes droits sur Jane?

SARAH. Je saurai les faire valoir pour lui épargner cette flétrissure d'épouser un misérable tel que toi...

ATKINS. Ainsi, c'est là ton dessein?..

SARAH. Oui...

ATKINS. Tu me connais, et tu viens te mettre sur ma route!..

SARAH. Oui...

ATKINS. Rien ne peut te faire changer de résolution?...

SARAH. Rien!...

ATKINS, avec une colère sourde. Ah! prends garde, l'Irlandaise, prends garde!... nous ne sommes plus ici dans les caves de Saint-Giles, où tes cris pouvaient attirer des témoins; nous sommes seuls... au milieu de ce bois... et tu ne m'échapperas pas... (Il tire son poignard. L'orage redouble.)

SARAH. Oh! je veux vivre!... Atkins!... pitié!... je te demande grâce... oui, je ne menace plus, je demande grâce... je supplie... Tuer une mère pour épouser sa fille, songes-y donc, c'est horrible... et tu ne commettras pas un pareil crime... Tu auras pitié de moi... tu épargneras une pauvre femme qui te demande la vie... Eh bien, oui, maintenant que j'ai embrassé Jane, j'ai peur de mourir... Mon Dieu! que puis-je te dire encore?... comment te fléchir?... Tiens, me voilà à tes pieds!... La vie! Atkins!... la vie!...

ATKINS. Eh bien, écoute, Sarah... ton salut est dans tes mains... si tu le veux... tu vivras...

SARAH, avec bonheur. Ah!...

ATKINS. Si tu le veux, je te rends ta fille, ta Jane adorée...

SARAH. Toi!...

ATKINS. Je l'arrache à lord Trevellian dont j'ai le secret, et je te la rends, à toi, sa mère...

SARAH. Que faut-il faire?... parle!.. mais parle donc!

ATKINS. Oui... cette fortune, je la rêvais, et je n'ai qu'à étendre la main pour la saisir... mais ce que je veux aussi... Eh bien!... ce que je veux... c'est Jane!... je la trouve belle, je l'aime, je la veux... donne-la moi!

SARAH. A toi?...

ATKINS. Donne-la moi!... et tu vivras!

SARAH. Atkins, j'aimerais mieux prier sur la tombe de Jane, oui, moi, sa mère, j'aimerais mieux la voir morte que vivante dans les bras d'un misérable et d'un assassin!

ATKINS, levant son poignard. Malheureuse!... c'est toi qui l'auras voulu!

SARAH, lui échappant. Ah! l'on m'entendra! l'on viendra!... (Criant.) Au secours!... à moi!... au secours!...

ATKINS, la poursuivant à travers les arbres. Folle!... folle que tu es!... l'orage étouffera tes cris...

SARAH, tordant ses mains. Mon Dieu!... mon Dieu! ayez pitié de moi!

ATKINS. Sarah Waters, tu m'appartiens, et Dieu t'abandonne! (La foudre éclate et brise un arbre à côté de Sarah.)

SARAH. Non!... car il a brisé cet arbre, Atkins, et il ne m'a pas tuée!... C'est Dieu qui me laisse vivre pour sauver mon enfant... Ah! je crois en Dieu!... je crois en Dieu!

ATKINS. Eh bien, s'il veut te sauver, qu'il se hâte!... (La poursuite recommence plus acharnée. Bientôt Atkins saisit Sarah qui pousse un cri déchirant.) Tu es à moi maintenant!...

SARAH, se cramponnant aux bras, à la gorge d'Atkins. Assassin!... assassin!.. (Effrayante.) Mais tu ne sais donc pas que, même morte, je saurai m'opposer à tes projets infâmes, que je sortirais de la tombe pour me placer entre ma fille et toi!...

ATKINS, cherchant à la frapper. Je ne crois pas aux miracles!

SARAH. Oui... pour la sauver, pour l'arracher à Jane... je... je... (Frappée d'un coup de poignard dans la poitrine.) Ah! (Elle tombe.)

ATKINS. Morte!... morte!... (Il jette le poignard loin de lui, essuie avec son mouchoir le sang de ses mains. Puis, prenant une résolution, il s'élance sur le cheval qu'il a dételé. Et maintenant, Sarah Waters, nul ne se placera entre ta fille et moi!... (Il met le cheval au galop, et disparaît dans un sentier. Un éclair brille et illumine d'une lueur sinistre le corps inanimé de Sarah.)

ACTE CINQUIÈME

HUITIÈME TABLEAU

A Trevellian-Cottage. — Un salon éclairé pour un bal. Glace ou vitrail au fond, laissant voir un second salon plein de fleurs et de lumières.

SCÈNE PREMIÈRE

JAMES, DOMESTIQUES, occupés à ranger les tables de jeu, TREVELLIAN, puis HÉLÈNE.

TREVELLIAN, entrant. James?...

JAMES. Votre Honneur?...

TREVELLIAN. Avez-vous prévenu le ministre de ce village?

JAMES. Oui, votre Honneur... à minuit, il sera à la chapelle.

TREVELLIAN, à lui-même. Un bal... une fête... ah! puisse le bruit étouffer la voix de ma conscience... (Hélène paraît en toilette de mariée, elle est pâle et se soutient à peine.) Hélène!... (Aux domestiques.) C'est bien, allez!... (Ils sortent.)

HÉLÈNE, d'une voix faible. Milord!...

TREVELLIAN. Que voulez-vous, Hélène?...

HÉLÈNE. Tenter de vous fléchir puisqu'il en est temps encore... oui... je remplirai avec respect les devoirs d'une fille envers... son père... mais je vous supplie, je vous conjure... les mains jointes... à genoux...

TREVELLIAN. troublé. Hélène!

HÉLÈNE. Je vous conjure de ne point exiger un mariage, que repousse mon cœur et qui ferait de moi la plus malheureuse des femmes... ah! je le sais, milord, le jeu a englouti votre fortune, n'est-il pas vrai? Eh bien! prenez la mienne, prenez la tout entière, gardez-la... mais que je sois libre, et je vous serai reconnaissante, et je vous bénirai... (Trevellian cache son visage dans ses mains. Hélène continue avec âme.) Pourquoi feriez-vous mon malheur? que vous ai-je fait, moi?... Ah! je le vois, je le sens, vous êtes ému... non désespoir vous a touché!... vous consentez?... ah! soyez béni, soyez béni!.. (Atkins paraît au fond, calme et impassible; sa toilette est irréprochable.)

TREVELLIAN, ému, la relevant. Hélène, mon enfant!... (Apercevant Atkins.) Sir Lionel...

HÉLÈNE, à part avec effroi. Lui!... (Bas à Trevellian.) Mon père, sauvez-moi! J'ai peur de cet homme!...

SCÈNE II
LES MÊMES, ATKINS.

ATKINS. Vous voyez, milord, que je suis exact! Je serais inexcusable de ne pas l'être, en voyant la merveilleuse beauté de lady Hélène, ma chère fiancée...

TREVELLIAN. Sir Lionel...

ATKINS. Qu'avez-vous donc, milord?... on dirait que vous tremblez...

TREVELLIAN, lui montrant Hélène. Voyez comme elle est pâle... elle peut à peine retenir ses larmes... Ce mariage, l'exigez-vous toujours, monsieur?...

ATKINS. Je rappellerai à votre Honneur que sa parole est engagée.

TREVELLIAN. Mais elle en aime un autre.. vous le savez!...

ATKINS. Cet autre, elle ne le reverra jamais...

HÉLÈNE. Ciel!

TREVELLIAN. Que dites-vous?...

ATKINS. Je veux dire que... j'ai trop confiance dans la loyauté de lady Hélène, pour supposer que le jour où elle sera ma femme, elle puisse jamais revoir sir Olivier Sidney.

TREVELLIAN. Cependant...

ATKINS, baissant la voix. Enfin, ce mariage, je le veux!... songez que votre parc a des secrets dont la révélation peut vous perdre...

TREVELLIAN, anéanti. Oui, le déshonneur... Ah! je suis l'esclave de cet homme! (Haut.) Hélène, mon enfant, apprêtez-vous à m'obéir...

HÉLÈNE, avec désespoir. Oh! mon Dieu!... mon Dieu...

TREVELLIAN, à voix basse. Il le faut, Hélène, pour l'honneur de notre nom.

HÉLÈNE, douloureusement. Ah! si je pouvais mourir!... (Depuis quelques instants, la galerie du fond s'est remplie de monde.)

TREVELLIAN. Je vous en supplie, Hélène... pour moi, pour votre père, cachez vos larmes... que l'on ne sache pas...

HÉLÈNE. Je vous ai dit... que j'obéirais, milord.

TREVELLIAN. Bien... bien, mon enfant... merci... (Aux personnes qui entrent.) J'ai l'honneur de vous présenter sir Lionel Mortimer, le futur époux de lady Hélène, ma fille...

ATKINS, à part. Enfin!...

JAMES, entrant par la gauche. Milord...

TREVELLIAN. Qu'y a-t-il?...

JAMES. Que votre Honneur daigne me pardonner... mais il y a là un policeman qui demande à parler à milord.

ATKINS, à part troublé. Un policeman!...

TREVELLIAN. Que me veut-il?...

ATKINS, avec aplomb. Recevoir des policemen au milieu d'une fête!... Cet homme est fou... jetez-le à la porte...

JAMES. Il insiste beaucoup pour parler à milord... il s'agit, a-t-il dit, d'un événement terrible!...

TREVELLIAN, à ses invités. En vérité, mesdames, je vous demande pardon... (A James.) Faites entrer cet homme... (James remonte et fait un signe, Jacobson paraît.)

SCÈNE III
LES MÊMES, JACOBSON.

JACOBSON, timidement. Je supplie votre Honneur de vouloir bien m'excuser...

ATKINS, le reconnaissant. Jacobson!!...

TREVELLIAN. Que voulez-vous de moi, monsieur?

JACOBSON. Voici ce que c'est, milord... Je me rendais à Woodford, pour affaire de police, lorsque, en arrivant à la station, je fus requis par le chef de gare, à l'effet de constater un crime...

TOUT LE MONDE. Un crime!...

JACOBSON. Des gens du pays, en traversant la forêt, avaient trouvé une voiture abandonnée, et, près de cette voiture, le corps inanimé d'une femme...

HÉLÈNE. Ah! mon Dieu!...

TREVELLIAN, allant à elle. Hélène!...

ATKINS. Monsieur le policeman, nous déplorons comme il convient ce funeste événement... Mais cette malheureuse, nous ne la connaissons pas... A quel propos venez-vous troubler cette fête?... que venez-vous faire ici?...

JACOBSON. Remplir mon devoir.

TREVELLIAN. Achevez donc, monsieur!...

JACOBSON. Les constables, prévenus par le télégraphe, ne tarderont pas à arriver; mais, en attendant, nous ne pouvons laisser le corps de cette pauvre femme exposé aux regards des curieux... Et, comme votre habitation est la plus voisine, je viens prier votre Honneur de vouloir bien me permettre de le faire transporter dans une salle basse du château, jusqu'à l'arrivée des magistrats...

TREVELLIAN. Je n'ai point le droit de vous refuser cette autorisation, monsieur... agissez selon votre volonté...

HÉLÈNE. Et sait-on quelle est cette femme?...

ATKINS. Oui... a-t-on reconnu cette malheureuse?

JACOBSON, le regardant. Ah! je vois que vous commencez à prendre intérêt à cette triste affaire, monsieur... et je vous en remercie profondément. Moi, j'ai reconnu la victime...

TOUS, avec curiosité. Eh bien?...

JACOBSON. Mais j'attends les constables pour faire mon rapport... jusque-là, je ne sais rien...

ATKINS. Bah!... un suicide peut-être...

JACOBSON. Ou une vengeance!... Enfin!... on connaîtra plus tard la vérité.

ATKINS. Mais êtes-vous bien certain que tout espoir soit perdu?...

JACOBSON. Un médecin est accouru... mais hélas!... (Il secoue la tête.)

ATKINS, avec joie, à part. Elle est morte!

JACOBSON, à lord Trevellian. Je remercie votre Honneur...

ATKINS. Oui... allez... il faut qu'un pareil crime soit puni...

JACOBSON. Oh! il le sera!... voilà plus de trente ans que j'ai l'honneur d'être policeman, et j'ai toujours vu, avec l'aide des constables et de la Providence, les coquins finir par payer leur dette. (Il salue et sort.)

SCÈNE IV
LES MÊMES, moins JACOBSON.

(Des groupes se forment. On cause tout bas.)

ATKINS, seul à l'avant-scène. Elle est morte!... Il n'y avait qu'un témoin de mon crime, et ce témoin qui seul aurait pu m'accuser... il est là, inanimé... glacé... (On entend le son d'une cloche.) Déjà la cloche donne le premier signal, et dans une heure, j'aurai reçu à la chapelle le serment de lady Hélène... Eh bien, Sarah, toi qui me menaçais, lève-toi donc maintenant pour te placer entre ta fille et moi!... (On entend au dehors un prélude de valse. A voix haute.) En vérité, mesdames, c'est une épouvantable chose que ce crime... mais que notre bonheur nous le fasse oublier un instant!...

HÉLÈNE, à part. Oh! cette musique!... cette fête!...

ATKINS. Allons, messieurs, voici des cartes, de l'or... cinquante guinées!.. qui veut tenir mon enjeu? (Olivier apparaît pâle et calme; il jette des bank-notes sur la table.)

OLIVIER. Moi!...

ATKINS, reculant terrifié. Ah!

HÉLÈNE. Olivier!...

OLIVIER. Jouez donc, monsieur!...

ATKINS, d'une voix étranglée. Lui!... non... c'est impossible!... c'est un vertige horrible... non... ce n'est pas lui!...

OLIVIER, le regard écrasant de mépris. Lâche!... lâche!... (Atkins recule toujours. Sarah paraît à l'autre porte, chancelante, et s'appuyant contre les meubles.)

SARAH, étendant le bras. Assassin!... assassin!...

ATKINS. Sarah Walters! (Atkins, le teint livide, plus pâle encore que Sarah et qu'Olivier, se trouve entre les deux êtres qu'il a voulu tuer, et qui, tous les deux, étendent le bras vers lui.)

HÉLÈNE, poussant un cri. Elle!

ATKINS. Vivants!... vivants!... tous deux!... (Ses genoux fléchissent; il tombe agenouillé. Le constable paraît avec Jacobson.)

SARAH, désignant Atkins. Oui, mon assassin, c'est lui!

ATKINS. Moi!...

SARAH. Et si vous doutez encore, s'il vous faut une preuve... eh bien, il doit avoir au poignet les traces d'une déchirure qu'y ont laissée mes ongles... (S'approchant d'Atkins et relevant sa manche.) Regardez!...

ATKINS. Ah!...

JACOBSON. Ah! il y a des preuves!...

OLIVIER. Cette fois, tu ne nous échapperas pas!...

HÉLÈNE, à Sarah qui passe près d'elle, à gauche. Vous!... c'était vous!...

ATKINS, regardant Olivier. Sauvé! mais par qui donc?...

PIBROCK, paraissant au fond. Par moi, mon bon monsieur!...

SCÈNE V
LES MÊMES, PIBROCK.

JACOBSON, joyeux. Par mon neveu Pibrock?...

PIBROCK, à Atkins. Ah! vous avez une drôle de manière de vous battre en duel!... Mais il eût été fâcheux de vous laisser noyer un si brave jeune homme. (Mouvement général.)

ATKINS, à part. Allons!... j'ai perdu!... (Haut.) Messieurs les constables, je suis à vous... (Il sort avec les constables et les policemen.)

JACOBSON, gaiement à Pibrock. Décidément, tu as du bon, petit!... je ferai quelque chose de toi...

PIBROCK. Je me fais ouvrier, mon oncle; dès demain j'entre en apprentissage...

JACOBSON. Ah!... cette fois, c'est moi qui veux t'embrasser... (Il l'embrasse sur les deux joues.)

SARAH, pressant les mains d'Hélène. Ah! j'ai pu la sauver... (Chancelant tout à coup et mettant la main sur son cœur.) Ah!...

HÉLÈNE. Oh! mon Dieu!... (On s'empresse autour de Sarah; Hélène la fait asseoir. Ici l'orchestre joue le même motif qu'au deuxième tableau, lorsque la mère et la fille se sont trouvées en présence l'une de l'autre pour la première fois.)

SARAH. Ce n'est rien... un peu de faiblesse... mais le ciel, dans sa miséricorde, permettra que je vive...

HÉLÈNE, à ses pieds. Oh! oui... vous vivrez!... vous resterez avec nous... n'est-ce pas, milord?...

TREVELLIAN. Sans doute!

HÉLÈNE. Vous ne nous quitterez plus... car je le sais... j'en suis sûre... vous êtes ma...

SARAH, lui mettant la main sur la bouche. Silence!... pour ton bien, ton bonheur, il faut qu'on l'ignore... mais quelquefois... quand nous serons seules... et bien bas... bien bas... tu me diras...

HÉLÈNE, à voix basse. Ma mère!...

SARAH, les yeux au ciel et comme en extase. Oh! mon Dieu, vous m'avez donc pardonné!...

FIN

www.ingramcontent.com/pod-product-compliance
Lightning Source LLC
LaVergne TN
LVHW011014180726
843502LV00007B/2532